归根到底是因为马克思主义行

GUIGEN DAODI SHI YINWEI
MAKESIZHUYI XING

陈先达/著

人民出版社

目　录

第一章　以史为鉴、开创未来,继续推进马克思主义

中国化 ……………………………………… / 1

2021 年 7 月 1 日,习近平总书记在庆祝中国共产党成立 100 周年大会上的讲话中指出,以史为鉴、开创未来,必须继续推进马克思主义中国化。马克思主义是我们立党立国的根本指导思想,是我们党的灵魂和旗帜。中国共产党坚持马克思主义基本原理,坚持实事求是,从中国实际出发,洞察时代大势,把握历史主动,进行艰辛探索,不断推进马克思主义中国化时代化,指导中国人民不断推进伟大社会革命。中国共产党为什么能,中国特色社会主义为什么好,归根到底是因为马克思主义行!

我们党把系统掌握马克思主义基本理论作为看家本领和必修课,就是因为马克思主义是科学的、人民的、实践的、不断发展的开放的理论,它既具有历史价值又具有无可替代的当代价值,不仅回答了各种社会主义学说无法解决的资本主义向何处去的历史之问和当时的时代之问,也是我们解决当代中国问题和观察当代世界走向的理论指南,是中国共产党人的定海神针。

应该用历史唯物主义观点处理马克思主义与中国传统文化的关系,反对蔑视以儒学为主导的中国传统文化的文化虚无主义,中国的马克思主义可以从中国传统文化的精髓中得到思想资源、智慧和启发,但也要防止以高扬传统文化为旗帜,反对马克思主义、拒斥西方先进文化的保守主义思潮的沉渣泛起。

第四章　历史与历史的书写 ·················· ／ 58

马克思主义历史唯物主义者的任务,是在如何推进和
深化对历史唯物主义的理论和历史的实际研究,坚持科学
历史观,批评错误的历史观和历史的伪造;在实践中,也在
重大理论问题的争论中不断深化恩格斯提出的历史唯物主
义是历史观中的伟大变革的论断。

第五章　历史唯物主义与当代中国 ·············· ／ 98

坚持以历史唯物主义观察当代中国,必须有个现实的
立足点,这就是中国共产党领导下正在进行的中国特色社

会主义伟大实践。只有立足火热社会实践,我们才能在理论上站稳脚跟,才能深刻把握历史规律和中华优秀传统文化的精髓,才能满怀信心地面向未来。

第六章　必须始终坚持中国共产党的领导 ············· ／ 112

隐藏在贸易战背后、隐藏在科学技术之争背后的是它们对自己制度的焦虑。这是更深层次的国运之争、道路之争。只要我们毫不动摇地坚持中国共产党领导,全国人民胸怀报国之志、攻坚克难之心,就一定能打破西方某些国家对某些高科技的垄断,在中华民族伟大复兴道路上树立新的科技丰碑。

第七章　历史合力与中国的道路选择 ··················· ／ 125

历史发展的总方向是上升的、前进的,这是人类历史发展的总规律。中国特色社会主义道路既符合中国历史发展规律,又具有世界影响,因为它与世界人民要求消除贫困、消除两极对立,追求公平、正义、平等社会的目标是一致的。

第八章　中国为什么要走"中国道路" ⋯⋯⋯⋯⋯⋯⋯／ 144

中国道路,就其一般意义而言,包括中国革命、建设、改革所经历的全过程。对过去来说,是中国的革命和社会主义建设历史;对现实而言,它就是中国当代的社会主义实践;对未来而言,它就是中国为之奋斗的实现"两个一百年"奋斗目标和中华民族伟大复兴,最终实现共产主义。作为一个整体,它就是中国共产党领导中国人民革命和建设的实践历史过程。

第九章　厚植文化自信,增强战略定力 ⋯⋯⋯⋯⋯⋯⋯／ 160

文化自信不是哪一部分人的问题,而是事关国运兴衰、事关文化安全、事关民族精神独立性的大问题。文化兴国运兴,文化强民族强。没有高度的文化自信,没有文化的繁荣兴盛,就没有中华民族伟大复兴。

第十章　文化的实践转化与制度文明的时代建构……／ 175

文化转化为文明，是文化发挥积极作用的必然方式。使中国传统文化转化为具有中国特色社会主义的现代文明，是我们面对的重要的时代课题。文化与文明的关系问题，不仅是一个学理问题，而且是一个实践问题；不仅关系到一个民族、关系到社会，也关系到每个人。如果没有文化向文明的实践转化，就不能使社会文明与文化同时得到实质的发展。

第一章 以史为鉴、开创未来，继续推进马克思主义中国化

2021年7月1日，习近平总书记在庆祝中国共产党成立100周年大会上的讲话中指出，以史为鉴、开创未来，必须继续推进马克思主义中国化。马克思主义是我们立党立国的根本指导思想，是我们党的灵魂和旗帜。中国共产党坚持马克思主义基本原理，坚持实事求是，从中国实际出发，洞察时代大势，把握历史主动，进行艰辛探索，不断推进马克思主义中国化时代化，指导中国人民不断推进伟大社会革命。中国

共产党为什么能，中国特色社会主义为什么好，归根到底是因为马克思主义行！

一、马克思主义哲学是总开关

马克思主义是包括哲学、政治经济学、科学社会主义学说的科学体系。各个组成部分有各自独特的内容，但在理论和实践上又是相互支撑，形成不可分割的统一的科学整体。其中，马克思主义哲学作为世界观和方法论贯穿全部马克思主义，可以说是掌握和理解马克思主义基本原理的总开关。

习近平总书记在纪念马克思诞辰 200 周年的重要讲话中，深刻阐明了马克思主义哲学与马克思主义基本原理的这种内在关系。

他说："从《共产党宣言》发表到今天，170 年过去了，人类社会发生了翻天覆地的变化，但马克思主义所阐述的一般原理整个来说仍然是完全正确的。我们要坚持和运用辩证唯物主义和历史唯物主义的世界观和方法论，坚持和运用马克思主义立场、观点、方法，坚持和运用马克思主义关于世界的物质性及其发展规律，关于人类社会发展的自然性、历史性及其相关规律，关于人的解放和自由全面发展的规律，关于认识的本质及其发展规律等原理，坚持和运用马克思主义的实践观、群众观、阶级观、发展观、矛盾观，真正把马克思主义这个看家本领学精悟透用好。"① 从这个角度说，马克思主义哲学确是我们"学精悟透用好"马克思主义的总开关。立场、观点、方法论错了，就不可能真正掌握马克思主义。

掌握习近平新时代中国特色社会主义思想，同样需要以马克思主义哲学为指导。因为，习近平新时代中国特色社会主义思想中贯穿的战略思维、总体思维、辩证思维、创造思维，从哲学本质上说，就是马克思主义的辩证唯物主义和历史唯物主义世界观和方法论。

不学习马克思主义哲学，我们就不能深刻理解习近平新时代中国特色社会主义思想，不能深刻理解为什么说当前中国特色社会主义处于新的历史方位、为什么说我国社会主要矛盾发生了变化，不能理解习近平关于中国特色社会主义事业"五位一体"总体布局和"四个全面"战略布局，以及关于"四个自信"和"人类命运共同体"的思想，等等。从这个角度，我们同样可以说，学习哲学是深刻理解和掌握习近平新时代中国特色社会主义思想的总开关。

习近平总书记在纪念马克思诞辰 200 周年的重要讲话中，还对如何学习、为什么要学习马克思主义提出了要求："把读马克思主义经典、悟马克思主义原理当作一种生活习惯、当作一种精神追求，用经典涵养正气、淬炼思想、升华

---

① 习近平：《在纪念马克思诞辰 200 周年大会上的讲话》，北京：人民出版社 2018 年版，第 25 页。

马克思（1866 年 3 月底）

境界、指导实践。"①

涵养正气、淬炼思想、升华境界、指导实践，这十六个字是我们在新时代学习马克思主义具有纲领性的指导方针，也是学习马克思主义哲学的指导方针。因为涵养正气、淬炼思想、升华境界、指导实践正是马克思主义哲学作为世界观、人生观、价值观和方法论的最重要内容。如果学习哲学无助于涵养正气、淬炼思想、升华境界、指导实践，那就白学了。

自古以来，中外哲学思想家不少人的思想中，都包含倡导道德自律、培养思想智慧、升华人生境界的内容。尤其是以儒家思想为主导的中国传统文化，更具有极其深厚的伦理道德和关于人生意义及如何做人的论述。这些优秀的东西，都是我们学习马克思主义哲学应该认真吸收的。

---

① 习近平：《在纪念马克思诞辰 200 周年大会上的讲话》，北京：人民出版社 2018 年版，第 26 页。

但是马克思主义哲学有它自身的特点。在学习马克思主义哲学时，我们既要重视中外哲学的成就，更应该懂得马克思主义哲学是人类哲学史上的根本变革。在本体论、认识论、历史观、人生观、价值观和方法论方面，马克思主义哲学都有自己的特色。当然，我们不能把中国哲学、西方哲学、马克思主义哲学对立起来，"唯我独尊"，更不能不重视它们之间的差别。因为不懂它们之间的差别，往往容易抓不住马克思主义哲学的本质。

与历史上以往哲学相比，马克思主义哲学有两个根本性改变：一是改变了解释世界和改造世界的关系。从单纯重视解释世界到重视改造世界，使解释世界和改造世界结合起来，这就是理论和实践的一致。二是改变了哲学与人民的关系。历史上哲学都是哲学家的哲学，是思想家的哲学，它们中包含某些人本主义的思想，但不是为了人民的哲学，不是以人民为中心的哲学。无论是中国传统哲学的"民本主义"，还是西方启蒙主义者宣扬的"人本主义"，都不能混同于以人民为中心的马克思主义哲学。

马克思主义哲学是为无产阶级和人类解放的哲学，是以人民为中心的哲学。如果学习马克思主义哲学不树立以人民为中心的观点，是学不好的。从哲学内容来说，马克思主义哲学是唯物主义与辩证法相统一、自然观与历史观相统一的彻底的辩证的、唯物主义的、实践的哲学。这些内容都是我们学习马克思主义哲学时应该掌握的。

在学习哲学时，我们要特别重视习近平总书记提出的"涵养正气、淬炼思想、升华境界、指导实践"方针。从马克思主义哲学作为世界观、人生观和价值观的层面来说，哲学与生活、与自己的人格塑造、与道德修养、与人文素质的培养结合密切。

因为哲学就存在于生活中，存在于实践中，存在于我们处理的任何问题、处理的任何关系中。关系的本质就是矛盾。一个人不懂《矛盾论》、不懂如何正确处理矛盾，是不可能处理好各种关系的；一个不懂《实践论》、不懂正确认识只能来自实践的干部，在工作中就不会重视调查研究，处理问题往往是拍脑袋；一个不懂马克思主义关于生命价值的人，是不会正确对待人生的。

你读读习近平总书记在纪念马克思诞辰 200 周年大会上的讲话中对马克思的评价。他说马克思的一生是胸怀崇高理想、为人类解放不懈奋斗的一生，是不畏艰难险阻、为追求真理而勇攀思想高峰的一生，是为推翻旧世界、建立新世界而不息战斗的一生。马克思是顶天立地的伟人，也是有血有肉的常人。当年苏格拉底说过，未经思考的人生是不值得过的，就是强调对人生意义和价值要进行哲学思考。可以说，在如何对待人生方面，马克思短短 65 年的人生，为我们所有人树立了光辉榜样。

我们的马克思主义哲学学习，要懂大道理，即比较系统地掌握辩证唯物主义和历史唯物主义基本原理和它的科学性、实践性，能够用马克思主义的基本原理观察当今复杂的世界局势；观察国内问题和辨别各种思潮，坚持中国道路、中国精神、中国智慧，坚持社会主义核心价值观，不要沉迷于西方普世价值观的狂轰滥炸，做政治上理论上的明白人；还要强调马克思主义哲学与生活相结合、与塑造培养自己的人格相结合、与树立正确人生观相结合，能够远离低俗与迷信，提高自己的人文素质、道德素质和生活品位，反对乌七八糟的迷信星座、占卜，以及娱乐至死观念的"奶嘴文化"，提高自己的思想境界和道德水平，做一个脱离了低级趣味、有益于人民的人。

能从整体上掌握马克思主义的科学体系，肯定有助于理解马克思主义哲学；反过来说，掌握马克思主义哲学的世界观、方法论，一定能帮助我们更好地理解马克思主义科学体系的本质。

二、推进马克思主义本土化大众化

习近平总书记在云南考察时强调，我们现在就需要像艾思奇那样能够把马克思主义本土化讲好的人才。我们要传播好马克思主义，不能照本宣科、寻章摘句，要大众化、通俗化。这一重要论述，为传播马克思主义、做好马克思主义理论研究工作指明了方向。

在我国，马克思主义本土化说到底是中国化。绝大多数人都能正确认识马克思主义本土化、中国化的重大意义，但也有人存在模糊认识：既然马克思主义是普遍真理，那为什么还要本土化呢？好像提本土化就是贬低马克思主义的真理性。还有人认为，如果马克思主义必须本土化，要经过一番改造才能发挥作用，那就说明马克思主义本来不具有普遍真理性，否则为什么不能直接拿来用？不难看出，这些看法是脱离实际、形而上学的。

马克思主义真理具有普遍性，但从不排斥特殊性。马克思主义所面对的各个国家都是具体的，或者说是"本土"的。所谓"本土"，是指一个国家的国情、历史传统和文化传承。马克思主义的真理性力量就在于它能够与各国实际情况相结合，实现本土化。好比一种植物能够在被移植的土壤中茁壮成长，这不仅证明土壤适宜，而且证明这种植物具有强大的生命力。马克思主义在中国的本土化，可以理解为马克思主义与中国具体国情的结合。我国改革发展离不开马克思主义的科学指导。当今中国举世瞩目的发展成就也充分证明，中国具有适宜马克思主义发展的土壤，并且已经结出丰硕的果实。

推进马克思主义本土化，一直是我们党高度重视的理论课题。《实践论》《矛盾论》等著作，都是马克思主义本土化的典范。李达、艾思奇等理论家都曾对推进马克思主义本土化作出重要贡献。新中国成立以来，我们党培养了大批马克思主义理论工作者。推进马克思主义本土化，这是一支十分重要的力量。马克思主义理论工作者姓"马"信"马"，自然须承担起推进马克思主义本土化的神圣使命。

推进马克思主义大众化，同样是马克思主义理论工作者需要肩负的责任。马克思说过："批判的武器当然不能代替武器的批判，物质力量只能用物质力量来摧毁；但是理论一经掌握

马克思在这里诞生（特利尔布吕肯巷 664 号）

群众，也会变成物质力量。"马克思主义是大智慧，而大智慧往往能够在共享中得到人们的认同、润泽人们的思想。马克思主义真理只有在大众化进程中深深植根于人民群众头脑，才能充分发挥作用。马克思主义之所以具有跨越国度、跨越时代的影响力，是因为它植根于人民之中，指明了依靠人民推动历史前进的人间正道。

推进马克思主义大众化，需要用通俗易懂的话语阐释马克思主义。通俗化看似只是表达方式问题，实际上是关系马克思主义在中国大地、在人民群众心中落地生根的大问题。马克思主义理论工作者要把推动马克思主义通俗化作为必须肩负的责任。如果著作文章满纸都是玄而又玄、晦涩难懂的名词，或者通篇从概念到概念、从理论到理论，这种"阳春白雪"只会知音难觅、和者甚少。实际上，真正有价值、有学术深度的理论文章往往是深入浅出的。应当看到，马克思主义具有鲜明的人民性和实践性，真正的马克思主义者绝不限于在书斋里进行纯学术著述、从书本中讨生活，从来都是积极投身于火热的实践中，以通俗化的马克思主义理论武装人民群众，努力做思想与时代相结合、理论与实际相结合、哲学与人民相结合的大学问。

三、做新时代马克思主义者

习近平总书记在纪念马克思诞辰 200 周年大会上的讲话中

强调："马克思的一生，是为推翻旧世界、建立新世界而不息战斗的一生。"① 马克思不仅是一位伟大的思想家，而且是一位伟大的革命家，把解释世界和改变世界的努力有机融为一体。广大党员、干部要学习马克思，运用马克思主义立场、观点和方法发现问题、分析问题、解决问题，做新时代马克思主义者。

马克思表达了没有剥削、没有压迫、人人平等过上美好幸福生活的愿望，并且把这种愿望由憧憬变成科学。马克思对社会主义和共产主义理想从哲学、政治经济学和社会理论等各个方面给予科学的、系统的理论论证。做新时代马克思主义者，必须坚定马克思主义信仰。共产党人之所以信仰马克思主义，是为它的真理性所折服，信仰马克思主义就是信仰真理。马克思主义是真理，它具有科学性、客观性和可验证性。不论人们对理想社会有多么美好的设想，但如果不能揭示社会发展规律，没有找到实现理想的有效途径，那也难以真正对社会发展发生作用。唯物史观和剩余价值学说作为马克思划时代的贡献，创造性地揭示了人类社会发展的一般规律、资本主义运行的特殊规律，为人类的自由和解放指明了前进方向。

马克思主义不是教条，而是科学的、人民的、实践的、不断发展的开放的理论，始终站在时代前沿。它源于特定时代而

① 习近平：《在纪念马克思诞辰 200 周年大会上的讲话》，北京：人民出版社 2018 年版，第 5 页。

又超越时代，随着实践的变化而发展。马克思主义基本原理宛如一把"万能钥匙"，但如果没有"锁"它也难以发挥应有的作用。"锁"就是问题，存在于实践中，存在于各门学科中。做新时代马克思主义者，就要坚持理论联系实际，通过学习马克思主义基本原理，树立正确的世界观和方法论，学会分析问题、解决问题，学会"开锁"，而不是仅仅把"万能钥匙"放在手中把玩。

马克思主义中国化，就是把马克思主义基本原理同中国具体实际相结合。习近平新时代中国特色社会主义思想，是对马克思列宁主义、毛泽东思想、邓小平理论、"三个代表"重要思想、科学发展观的继承和发展，是马克思主义中国化最新成果，是党和人民实践经验和集体智慧的结晶，是中国特色社会主义理论体系的重要组成部分，是全党全国人民为实现中华民族伟大复兴而奋斗的行动指南。它是当代中国马克思主义、21世纪马克思主义。广大党员、干部要在学懂弄通做实习近平新时代中国特色社会主义思想上下功夫，悟原理、求真理、明事理，做到学思用贯通、知信行统一，不断增强"四个意识"，始终坚定"四个自信"，坚决做到"两个维护"。要让自己的思想、能力、行动跟上党中央要求、跟上时代前进步伐、跟上事业发展需要，做一个名副其实的新时代马克思主义者。

"学而后方知，知而后必行。"真正的马克思主义者都是立足于客观实际的实践者。做新时代马克思主义者，就要深刻把握我国社会主义初级阶段基本国情和新时代我国社会主要矛盾的变化，充分认识我国当前所面临的复杂国际国内形势，坚守人民立场，扎根实践沃土，努力为最广大人民谋幸福。广大党员、干部要以我们党正在做的事为中心，锐意改革创新，勇于迎难而上，积极投身于社会主义现代化建设，坚持和发展中国特色社会主义，为实现中华民族伟大复兴的中国梦贡献自己的力量。

四、站稳自己，把道理讲到青年心里去

我一生在高校工作。可以说，我的职业是教员，我的专业是马克思主义哲学，而我的信仰是马克思主义。在我说来，这三者是统一的。如果我在教学中不坚持马克思主义，那我的职业就完全是个饭碗，是单纯的谋生手段，与我的教学使命背道而驰；从专业角度说，如果我不坚持马克思主义信仰，我最多只能说是个马克思主义的研究者，而不是坚定的马克思主义信仰者。因此，在我的职业和专业中，对马克思主义的信仰问题是生命线。

马克思主义的魅力主要有两点：一是它的科学性，它是以事实为依据、以规律为对象、以实践为检验标准的学说。事实、规律、实践，是任何一门科学的本质要素。马克思主义政治经济学依据的是资本主义社会的经济事实，马克思主义哲学

是对自然科学和社会科学的总结，尤其是 19 世纪上半叶自然科学和社会科学研究提供的科学成果；至于科学社会主义不同于空想社会主义的地方，正在于它是立足于资本主义社会现实的。马克思主义基本原理，包括哲学原理、政治经济学原理、科学社会主义原理，都是以事实为依据、以规律为对象、经过实践检验和仍然经得起实践检验的具有规律性的认识。当代中国马克思主义在哲学、政治经济学和社会主义学说的发展，其事实依据就是我国国情和我国发展的实践，成果就是对中国特色社会主义规律的新的概括和总结，而标准仍然是实践。事实依据、规律概括、实践标准，是马克思主义作为科学学说始终如一的要素。二是它具有人民性，始终站在多数人民的立场上，为受压迫的人民发声。这两点就足以使有正义感的人去相信马克思主义。

这次针对新冠肺炎的抗疫斗争让我感受更深。我们党把人民的生命健康放在首位，保护弱势群体，包括老人和穷人，能收都收，能救都救，能治都治，为此不惜代价；而不像有些国家宣称死 20 万人符合预期，死 10 万人是最大的成就，牺牲老弱，保证经济的防疫政策。我想起马克思在《1844 年经济学哲学手稿》中批评资本主义制度的一句话："人是微不足道的，而产品则是一切"，在一些国家的确如此。

党员当然要信仰马克思主义，这是党章党纲中规定的，是入党宣过誓的；从事马克思主义教学和研究的人当然要信仰马克思主义，否则名实不符，甚至是"两面人"。我们不可能要求每一名青年都信仰马克思主义，但是我要告诉年轻人，马克思主义基本原则贯穿生活的全部，生活中的真理均渗透着马克思主义的基本原则。比如，大学生如何处理朋友关系，这是个生活问题，如果同寝室的同学有矛盾，要学会处理矛盾；再比如，不发展生产力的话，生活就改善不了，如果生产不出粮食的话就吃不饱，吃不饱群众就有意见，这是非常清楚的道理，其实在这平凡的道理中就蕴藏着马克思主义辩证法和历史唯物主义的大道理。

只要把马克思主义的基本原则通俗化，学生是可以接受的。任何人违背了辩证法、违背了历史辩证法，都无法生存下去。这就是马克思主义的基本观点。我们年轻人要处理好个人和社会的关系，要反对个人主义，要树立集体主义和爱国主义观点。习近平总书记说，每个人的前途命运都与国家和民族的前途命运紧密相连。国家好、民族好，大家才会好。如果没有社会主义，据我所知，解放以前贫下中农的子弟几乎没有接受高等教育的机会，只有新中国成立之后才有这种可能。"机遇"是什么？有的人认为机遇是个人的能力，但是实际上机遇是一个社会所造就的。个人奋斗当然重要，但只有社会提供条件才会有个人的奋斗问题。

甄别马克思主义者的最高标准就是观察其是否言行一致。做一个马克思主义者很难，做一个坚定的马克思主义者更难。

社会主义建设绝不是坐在咖啡馆喝咖啡，高谈阔论，指点江山。对共产党人来说，革命时期有生与死的考验，和平建设时期有顺境与逆境的考验，改革时期有利益关系调整中的金钱考验。从某种意义上说，改革时期的考验更大，因为它是原有的社会关系和利益关系的一次大的调整。在现实生活中，经不起市场经济考验、经不起改革开放考验、经不起地位变化考验、经不起金钱考验的"老虎"和"苍蝇"并不少。

在改革开放中始终坚持马克思主义方向，对理论工作者也是一个考验。改革开放是关乎中华民族命运的大事，也是对每个马克思主义理论工作者的考验。在意识形态领域，我们一定要头脑清醒，能辨别理论上的大是大非。做一个坚定的马克思主义信仰者，不仅要有深厚的马克思主义理论学养，吸取人类积累的广博的知识，而且要有关心社会现实问题和以人民利益为中心的激情和热情。"不管风吹浪打，胜似闲庭信步。"毛泽东在《水调歌头·游泳》中的这两句词，应该是马克思主义理论工作者的座右铭。

教员首先要不断提升自己，讲课的教员关键要站得稳，如果教员自己站不稳，东倒西歪的，就不可能有效地帮助别人。对自己讲的道理要相信，否则就不可能理直气壮。课堂上的主导权在教员手中，所以政治教员自身的理论素质培养是首要的，这是政治方向的问题，然后才是讲课艺术问题。因为政治课不能讲成相声，也不能讲成网红，你要讲清楚的是一个道理。其次教员要关注学生现状，要想学生相信，就必须清楚当代思潮在学生中有什么影响，同学们有什么思想、有什么问题。这些问题怎样结合基本原理进行讲授？不能脱离基本原理来讲问题。不然就不是政治课，而是思想报告。想要将两者有机结合，就需要选择具有普遍性的例子，并在此基础上进行理论方面的回答，要讲到学生心里去，让学生心服口服。要学思并重，读书就要思考、就要动笔，我读所有的书，有什么感想，哪怕是几句话，都要把它记下来。学而不思则罔，学而思才是对的。只思考不读书就没有材料，只读书不思考就没有创造性。我过去很多文章都是在读书笔记的基础上形成的。

我们从事马克思主义理论研究和教学的人，应该自尊、自信、自强。不要屈服于市场的诱惑和某种错误思潮的压力，更不要害怕某些无知者的狂言。我们应该懂得，我们在从事一项重要的工作。我们的教学不限于某一个学科，而是面对全体学生。我们在讲台上宣传什么，可以影响学生的一生。我们承担的是在世界观、人生观和价值观方面为中国特色社会主义建设培养合格建设者、可靠接班人的重要责任和工作。

第二章 马克思主义的本质
特性和当代价值

党的十八大以来，习近平总书记主持中央政治局多次进行以马克思主义理论为主题的集体学习，先后学习了历史唯物主义、辩证唯物主义、马克思主义政治经济学的基本原理和方法论，当代世界马克思主义思潮及其影响，《共产党宣言》及其时代意义。我们党把系统掌握马克思主义基本理论作为看家本领和必修课，就是因为马克思主义是科学的、人民的、实践的、不断发展的开放的理论，它既具有历史价值又具有无可替代的当代价值，不仅回答了各种社会主义学说无法解决的资本主义向何处去的历史之问和当时的时代之问，也是我们解决当代中国问题和观察当代世界走向的理论指南，是中国共产党人的定海神针。

自恩格斯逝世后，尤其是苏联解体、东欧剧变后，马克思主义受到很多攻击，形形色色的马克思主义"过时论"不绝于耳。这些言论尽管花样翻新，但万变不离其宗：否定马克思主义的科学性、人民性、实践性和发展开放性，以便"理直气壮"地否定马克思主义的当代价值。因此，如何把握马克思主义的本质特性，关系到如何看待马克思主义的当代价值，关系到在实践领域尤其是意识形态领域能不能真正念好马克思主义"真经"。

一、马克思主义的本质特性：科学性、
人民性、实践性、发展开放性

马克思主义是科学的理论。马克思主义的科学性在于它是以事实为依据、以规律为对象、以实践作为检验标准的理论。以事实为依据是科学性的前提。任何科学，无论是自然科学还是社会科学，都必须建立在事实的基础上，违背事实的所谓理论只能是臆测甚至是谬论；马克思主义最重视事实，但不停止于事实，而是从事实中总结出规律，这就是实事求是，规律性

是马克思主义科学性的核心内容；而且马克思主义以实践作为认识是否具有真理性的标准，在实践中检验自己的理论，以保证自己理论的科学性。

马克思主义具有强大的、不可遏止的时代吸引力。它从19世纪40年代西欧工人运动中的一个小小学派，发展到席卷全球，成为当今信奉者最多、力量最强、影响最大的思想体系，根本原因在于：它把科学性和革命性内在地不可分割地结合在这个理论本身中。马克思主义是科学的理论又是革命的理论。它的产生本来就是为了无产阶级革命需要。不主张革命的"马克思主义"根本不是马克思主义，而是打着马克思主义旗号的"跳蚤"。从马克思主义产生到现在，马克思所期待的革命任务并没有完结，是进行式而非完成式，因此，是否承认马克思主义的科学性和革命性的结合，是判断真假马克思主义的试金石。

革命的内涵非常丰富，方式多种多样。并非只有用暴力推翻旧政权才叫革命。中国共产党是执政党，也是革命党。中国共产党仍然要进行革命，包括社会革命和自我革命。改革开放是革命，清除在新的条件下滋生的腐败和种种不良现象是革命，从严治党是革命，甚至改造旧时代遗留的不文明现象移风易俗也是革命。有革命就有斗争，没有斗争的革命是空谈。当然，斗争不是残酷的无情打击，而是通过合适的斗争方式，解决矛盾，推动社会革命和自我革命在正确的轨道上运行。

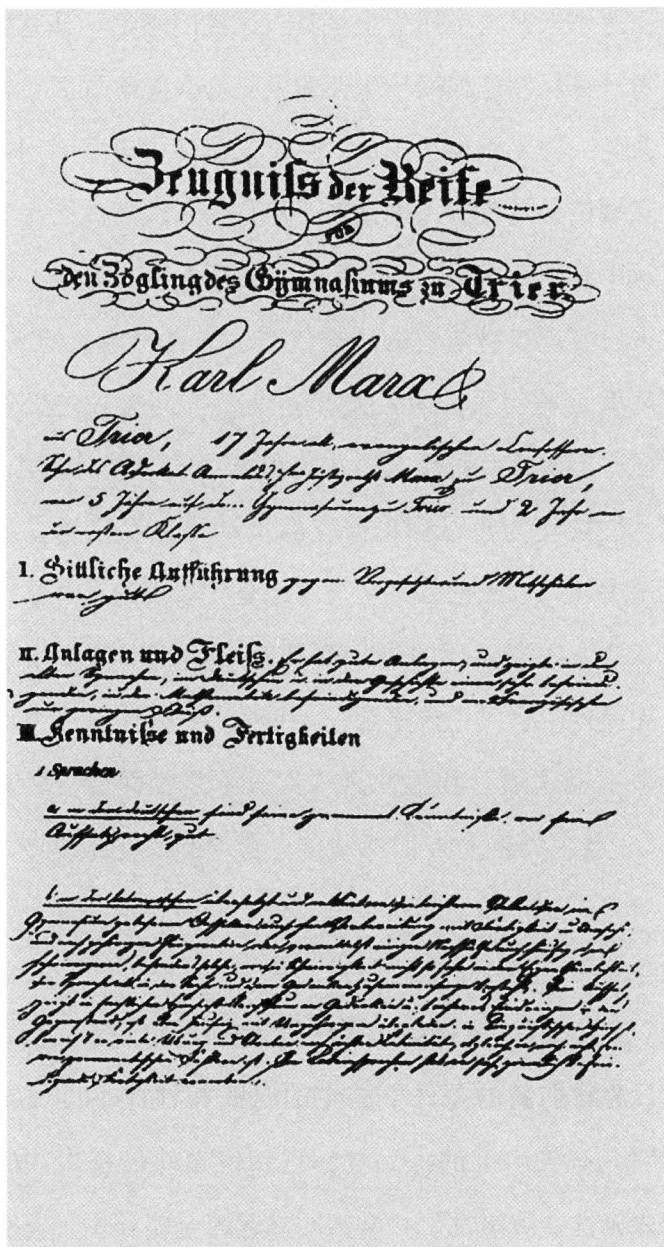

马克思的博士证书

马克思主义是人类历史上最具人民性的理论。马克思主义的创立者马克思和恩格斯毕生使命就是为人类解放而斗争。他们为了改变人民受剥削受压迫、探索人民解放道路而创造的马克思主义理论必然具有人民性，必然是为人类解放而斗争的理论。习近平总书记指出："马克思主义是人民的理论，第一次创立了人民实现自身解放的思想体系。马克思主义博大精深，归根到底就是一句话，为人类求解放。"① 马克思主义理论工作者队伍中不应该有脱离人民、藐视人民的"精神贵族"，而必须把人民性作为自己理论研究的推动力量和宗旨。历史证明，无论中外，也无论是文学艺术还是社会理论，凡是反映人民疾苦，为人民鼓与呼的作品都具有永久的价值。屈原"长太息以掩涕兮，哀民生之多艰"、杜甫"安得广厦千万间，大庇天下寒士俱欢颜"和范仲淹"先天下之忧而忧，后天下之乐而乐"，至今仍然为人们所吟诵，就是因为它们的人民性。任何反对人民的作品，即使可以流行于一时，但终究会湮没在历史的尘埃中，不可能成为传世之作。

马克思主义的人民性和阶级性是统一的，因为人民中的最大多数就是普通的工人、农民和知识分子。马克思主义的阶级性由于它具有极广大的人民性，它和科学性具有内在的统一性，把人民性、阶级性、科学性对立起来是错误的。马克思主

---

① 习近平：《在纪念马克思诞辰 200 周年大会上的讲话》，北京：人民出版社 2018 年版，第 8 页。

义越是符合人民利益越具有真理性。因为它突破历代剥削阶级和为剥削阶级服务的学说的狭隘眼界，能够毫无偏见地、科学地认识世界。马克思说过，"它所关心的是一切人的真理，而不是个别人的真理"①。即使无产阶级上升为社会的领导阶级，马克思主义也不会丧失它的人民性，转变为所谓的"官方意识形态"。因为中国共产党并不谋求也没有自己的特殊利益，而是将自己的执政作为向无阶级社会、向共产主义社会迈进的方式，因而马克思主义能永远保持它的人民性，而不会像掌握政权以后的资产阶级的社会理论那样，由反对封建主义逐步变为单纯的为自己阶级利益的合理性作论证的"辩护理论"。

有些资产阶级理论家，以马克思主义的人民性和阶级性为借口，而否认马克思主义的科学性。其实阶级性和科学性是不同的。阶级性是就它的社会功能说的，即代表哪个阶级的利益、为绝大多数人服务还是为少数人服务；而科学性是指它的认识价值，即它对现实反映的正确程度。在阶级社会中，不管自觉与否，一种社会理论都从属于特定的阶级。如果科学性和阶级性相互排斥，阶级社会中全部关于社会的理论都只能是谬误。即使是剥削阶级，当它处于革命时期，它的理论代表可以在一定范围和一定程度上进行比较客观的探讨，因为这符合他

① 《马克思恩格斯全集》第 1 卷，人民出版社 1995 年版，第 215 页。

们的阶级利益；相反，当它上升为统治阶级以后，它的阶级利益和对社会问题的科学探讨之间，存在不可调和的矛盾。英国古典政治经济学的历史证明了这一点。当英国和法国的资产阶级夺取了政权，无产阶级的斗争直接威胁到他们的利益时，才"敲响了科学的资产阶级经济学的丧钟"。其实，当代资产阶级理论最具阶级性，由于它的阶级性与人民性相违背，因而往往掩饰自己的阶级性，标榜所谓客观、公正、纯学术、价值中立。

马克思主义是最具实践性的学说。马克思主义的创立就是为改造旧世界的实践而产生的。马克思的名言："哲学家们只是用不同的方式解释世界，而问题在于改变世界"。马克思、恩格斯在《德意志意识形态》中对何谓改变世界作了明确的阐述："对实践的唯物主义者，即共产主义者说来，全部问题都在于使现存世界革命化，实际地反对和改变事物的现状"。实践不仅是改变世界的行动，也是推动理论发展的动力。实践本性决定马克思主义必然是具有发展开放性的与时俱进的理论体系，从而保持它具有当代价值，不会因僵化而过时。早在1843年，马克思在致卢格的一封信中，就公开声明反对树立任何教条主义的旗帜，嘲笑那种认为一切谜语的答案都在哲学家们的写字台里，愚昧的凡俗世界只需张开嘴来接受绝对科学的烤松鸡的看法。后来，恩格斯在《反杜林论》中，对企图创造最终真理体系的德国大学生们，尤其是对杜林，进行过猛烈的批判。在恩格斯看来，如果人类在某个时候达到只需运用永恒真理，而不必再发现新的真理的地步，那就意味着历史和认识已经停止在一点上，这是非常荒谬的。可以说，马克思主义科学体系具有发展开放性，如同张开着的口袋，随时通过概括新的经验使它得到发展和充实，因而它永远具有当代性。作为马克思主义创始人的马克思和恩格斯，对自己理论从来持开放态度，终其一生都在不断地总结新经验，以与时俱进的态度对待自己的理论。

历史上不少学派，随着缔造者的逝世而逐步走向没落。马克思主义不会这样。因为马克思主义不仅是一种学说，而且是一种运动。马克思主义的本质特性，它的科学性、人民性、实践性和发展开放性，使得即使马克思和恩格斯虽已经离世，但世界上千千万万马克思主义的追随者、信仰者、实践者以面对自己时代问题为导向，推进马克思主义，永远保持马克思主义的当代价值。在中国，毛泽东思想、邓小平理论、"三个代表"重要思想、科学发展观、习近平新时代中国特色社会主义思想，就是按照马克思主义的本质特性，与时俱进创造性地发展马克思主义的鲜活体现。

二、马克思主义的历史价值和现实价值

一种理论的当代价值决定于它的真理性含量，决定于它是

否蕴含与时俱进的理论张力，特别是决定于它的本质特性和内容是否符合时代的需要。在马克思诞辰 200 周年时，中国共产党举行了隆重的纪念大会，习近平总书记发表了重要讲话，热情洋溢全面深刻地总结了马克思的伟大贡献，不仅是表达中国共产党人对作为伟大历史人物马克思的敬意，而且重申了马克思主义的当代价值："两个世纪过去了，人类社会发生了巨大而深刻的变化，但马克思的名字依然在世界各地受到人们的尊敬，马克思的学说依然闪烁着耀眼的真理光芒！"[1] 为什么？就是因为马克思主义是具有当代价值的科学的、人民的、实践的、不断发展的开放的理论。

马克思主义的当代价值不是一个抽象的命题，而是有事实为证。它的本质特性和当代价值就存在于当代中国现实之中，中国的巨大成就以无可辩驳的事实证明马克思主义的本质特性迸发的理论力量。马克思主义是中国共产党立党之本，中国民主革命胜利之基，中国社会主义建设成就之源，中国改革开放和现代化建设之罗盘。中国从站起来、富起来到强起来的进程中，贯穿一条理论红线，就是坚持马克思主义和马克思主义中国化。中国革命、建设、改革所取得的胜利，就是马克思主义在中国的胜利。今天，我们处在最需要马克思主义的时代，最需要具有创造性的当代中国马克思主义人才的时代，也是马克

---

① 习近平：《在纪念马克思诞辰 200 周年大会上的讲话》，北京：人民出版社 2018 年版，第 1—2 页。

思主义者能够充分展现才华的时代。可是我们有些人，包括有些马克思主义理论工作者，目光短浅，缺乏理论自信和理论自觉，往往丢掉真经沉醉于向西方取经。西方先进的东西，包括思想和文化，我们应该学习，但贵"洋"轻"马"，贵西轻中，逃离马克思和马克思主义，绝不是一个马克思主义者应有的态度。

马克思主义的当代价值不仅体现在中国，也体现在当代西方的思潮中。资本主义在经历了几百年发展的"黄金时代"，经历过苏联解体、东欧剧变的狂欢时代，在 20 世纪下半期，尤其是最近几十年，他们自豪的所谓民主制度已经破绽百出，在 2008 年国际金融危机之后，社会冲突和经济危机的阴影，像一把悬在资产阶级政客头上的"达摩克利斯之剑"。人们对资本主义社会自身矛盾的认识逐渐清晰，马克思主义的当代价值日益彰显。中国特色社会主义的兴起，更是展现了马克思主义的吸引力。2014 年，法国经济学家托马斯·皮凯蒂的著作《21 世纪资本论》，对资本主义制度存在的合理性提出质疑；2019 年，西班牙《起义报》发表资本主义正走向失败的署名文章，指出民主制正走向瓦解，革命性变革在加速，社会主义优势在凸显；社会主义思潮在西方一些青年中得到某种共鸣。毛泽东同志当年说，"星星之火，可以燎原"。马克思主义在西方可不只是星星之火。马克思主义产生于西方，有很深的理论渊源和社会基础。总有一天，马克思主义的当代价值会以人们不可预测的形式在西方展现。

马克思的中学毕业证书

三、掌握马克思主义基本原理，才能真正
体会马克思主义的当代价值

马克思主义包含一系列基本原理，这些基本原理是客观规律的反映，是经过实践检验的具有真理性的理论，是支撑马克思主义作为科学体系的"四梁八柱"。

马克思主义基本原理具有普遍性，但普遍性程度各不相同。马克思主义哲学原理，揭示的是自然、社会和人类思维的普遍规律，它构成马克思主义中具有最大普遍性的规律；马克思主义的经济学说，作为广义经济学，揭示了人类社会经济发展的普遍规律，作为狭义经济学，揭示了资本主义社会的经济规律；马克思主义的社会主义学说，则是关于无产阶级的解放条件和规律的学说。

马克思主义基本原理，分属于马克思主义哲学、马克思主义政治经济学和科学社会主义理论，又从属于马克思主义学说整体，彼此从理论上相互支撑，相互渗透，不可分离，统统属于马克思主义基本原理。例如，辩证唯物主义和历史唯物主义关于唯物主义和辩证法、关于实践的基本原理；历史唯物主义关于人类社会发展规律的原理，关于生产力和生产关系、经济基础和上层建筑矛盾运动规律的原理，关于社会形态更替规律和世界历史理论的原理，关于人民群众是历史创造者以及关于

正确处理人与自然关系的原理，关于人的全面发展的原理等；科学社会主义中关于社会主义取代资本主义的必然性和无产阶级与人类解放条件的一系列原理，其中包括社会主义建设学说、政党建设学说、关于人民民主的学说；政治经济学中关于资本主义经济发展规律的诸多原理，都是我们必须认真学习、认真研究、认真把握的基本原理。

掌握马克思主义基本原理，不仅要分别掌握其原理，而且要把马克思主义作为一个不可分割的整体，懂得它们之间如何在理论上、在逻辑上相互支撑。马克思主义哲学作为世界观和方法论，为整体的马克思主义提供世界观和方法论基础；如果从马克思主义政治经济学和社会主义学说中，拒斥马克思主义哲学的世界观和方法论，拒斥唯物主义和辩证法，拒斥历史唯物主义，就会沦为非马克思主义的经济学说，而所谓社会主义学说也不可能是科学社会主义学说。同样，无产阶级解放和人类解放是马克思主义社会主义学说追求的最终目标，也是贯穿马克思主义哲学和经济学说的主题和使命。如果马克思主义哲学不为无产阶级解放和人类解放服务，它就失去作为无产阶级解放大脑的功能，就不再是马克思主义哲学，而是思辨哲学、经院哲学。如果马克思主义的经济学说离开了这个主题，就往往会成为新自由主义经济学的附庸。事实上，劳动价值论与剩余价值论不仅是马克思主义的经济学说，它也完全深入历史唯物主义和科学社会主义学说之中。离开它，历史唯物主义和科学社会主义中许多重要原理就会由于没有经济学依据而失去它的科学性。列宁关于马克思主义是"一块整钢"的说法，是完全正确的。

马克思主义基本原理是对客观规律的理论概括。只要基本原理所揭示的普遍规律起作用的条件仍然存在，马克思主义基本原理就仍然有效。马克思主义基本原理虽然具有某种相对稳定性，但由于马克思主义永远面对自己的时代，而不是面对既有的结论，马克思主义基本理论同样要与时俱进，要根据新的问题，总结新经验，得出新结论，以新的原理代替个别过时的旧原理。发展基本原理，不能是对基本原理的任意否定，甚至对基本原理采取虚无主义态度。随着实践发展和时代需求，从对新的实践概括中，从对马克思主义经典文本的深入研究中，可以发现和增添新的基本原理，也有些过去被认定为基本原理的东西在实践证明中并不具有普遍性。因此，基本原理同样是发展的、变化的。在中国特色社会主义建设中，关于构建社会主义市场经济、关于社会主义基本制度的构成、关于政府和市场的关系，特别是习近平新时代中国特色社会主义思想中，都包含着对马克思主义基本原理的新发展。

四、读马克思主义经典、悟马克思主义原理

马克思主义理论工作者必须既研究马克思主义经典，又研

究马克思主义基本原理。经典如同富矿，原理则是蕴藏其中的宝石；经典是参天大树，原理则是树上的智慧之果。要真正准确掌握马克思主义基本原理，必须认真学习马克思主义经典著作；读马克思主义经典著作并非为读而读，重要的是着重掌握其中的基本原理。

在马克思主义经典文本中可以明显发现，凡属马克思主义的基本原理，都是在他们著作中不断重复出现的包含规律性内容的论述。只要认真学习马克思和恩格斯的经典文本，就可以在他们的著作中处处发现其中包含的辩证法、历史唯物主义、劳动价值论、剩余价值论以及"两个必然"等理论，无一不是立足于对客观规律的把握。资产阶级及其理论家们本能地反对社会规律的客观性，必然反对马克思主义基本原理。承认社会发展有规律，等于承认自己的阶级和制度的暂时性、过渡性，和必然让位于更加进步的社会。

中国共产党把马克思主义当成"真经"，正因马克思主义的本质特性是客观规律的反映。中国共产党人强调规律，强调我们应该掌握共产党执政规律、社会主义建设规律、人类社会发展规律。没有规律性的认识，就不可能创立中国特色社会主义理论。我们的道路自信、理论自信、制度自信、文化自信，都是建立在规律性认识的基础上的。

一个真正的马克思主义者，决不会把马克思和恩格斯文本中的每句话奉为金科玉律，也不会期望马克思主义经典作家为他们逝世后的一切新问题留下锦囊妙计。马克思主义的当代价值，从根本上说在于它为我们提供了作为科学认识与实践活动的世界观和思维方法。有人说，既然如此，我们何必学习经典著作、学习马克思主义基本原理，直接掌握马克思主义的立场、观点、方法岂不是更省事。这是对马克思主义作为世界观和思维方法的误解。马克思主义的立场、观点、方法存在于何处？就存在于经典著作中、存在于马克思主义基本原理中。不坚持马克思主义的人民性和阶级性，能站稳人民立场吗?! 不坚持唯物主义，能真正实事求是吗?! 不坚持辩证法，能进行辩证思维吗?! 不坚持历史唯物主义基本原理，能以人类历史发展规律的观点观察当代、观察世界吗?! 不能，不可能。一句话，马克思主义的科学性、人民性、实践性和发展开放性，正是作为本质特性存在于马克思主义经典著作和基本原理之中。一个人根本不研读马克思主义经典，不掌握马克思主义基本原理，只能落得空谈所谓立场、观点和方法。

我们要反对从经典中寻章摘句，直接寻找现实问题的答案，或把马克思主义经典中的某句话或某条基本原理作为衡量现实运动正确与否的不变尺度。原理具有普遍性，而我们实际面对的都是具有特殊性的对象，因此，在运用马克思主义时，必须依据时间、地点、条件，具体问题具体分析，才能得出正确的结论，这可不是把马克思主义基本原理当成标签贴上就能了事的，必须牢记马克思主义的本质特性，把马克思主义基本原理内化为立场、观点、方法，才能得心应手，真正把马克思主义变为世界观和方法论。

总之，讨论马克思主义的当代价值，正是为了通过理解马克思主义的科学性、人民性、实践性和发展开放性，理解马克思主义何以具有当代性，何以必须牢固地、旗帜鲜明地坚持以马克思主义为指导、念好马克思主义"真经"，保证中国共产党"不忘初心、牢记使命"，永不变色。一个政党过去先进，不表明现在先进，现在先进不表明永远先进。我们要有忧患意识。资本主义尤其是霸权主义的压力，从来没有放松过，只是方式不同；社会主义市场经济的改革，也是一个大考。一些共产党员包括党的高级领导干部就过不了市场经济这个关。中国特色社会主义道路之争、理论之争、制度之争、文化自信之争会是长期的，其中，最核心的问题，就是贯穿"四个自信"之中并处于统帅地位的马克思主义的本质特性和它的基本原理是否具有当代价值之争。

"一爪落网，全身被缚"。中国共产党要永不变质，不蜕化为特权集团，社会主义永远不变色地朝着既定目标前进，不中途夭折，需要培养一代又一代坚定的中国共产党人，需要中国共产党队伍始终保持先进性和纯洁性。其中关键的必修课，就是在坚持马克思主义本质特性及其当代价值问题上寸步不让，决不动摇。不是保持十年、二十年，也不是三十年、五十年，而是代代相继，以期真正实现中华民族伟大复兴的中国梦。这是一个伟大而艰巨的任务。习近平总书记提出的"不忘初心、牢记使命"，应该是我们每个党员、每个干部严于律己、勇于担当和自我革命的座右铭。

第三章　马克思主义和中国传统文化

目前在中国大地上，传统文化研究和宣传热潮高涨，儒学重新成为显学。当年孔子风尘仆仆周游列国，实际上齐鲁郑卫陈蔡诸国不过是山东河南几个县，而今随着孔子学院正在周游世界。国外汉学家渐多，中国传统文化声望日隆。这本是大好事，是中华民族复兴在文化上的一种表现。

有些理论工作者感到迷茫，意识形态领域中坚持以马克思主义为指导的方针是否发生了变化？有些极端的儒学保守主义者误判形势，拔高之论迭出。乱花迷眼，议论各异，意识形态领域陷于两难：似乎强调坚持马克思主义思想指导，就是贬低以儒学为主导的中国传统文化，反之，则应把马克思主义请下指导地位的"神坛"，重走历史上尊孔读经以儒治国的老路。这种非此即彼、冰炭不可同炉的看法，理论上是错误的，实践上是有害的。

一、应该站在社会形态更替的高度来审视马克思主义和中国传统文化的关系

如何理解马克思主义和以儒学为主导的中国传统文化之间的关系，我想起"周虽旧邦，其命维新"。冯友兰是中国现代史上杰出的思想家、哲学家和哲学史家，也有的学者尊他为现代新儒家。他在历经多年编写的《中国哲学史新编》中的"序言"中说，"诗经上有句诗说，'周虽旧邦，其命维新'。旧邦新命，是现代中国的特点。我要把这个特点发扬起来。我所希望的，就是用马克思主义的立场、观点和方法重写一部中国哲学史"。冯先生由于专业写作的需要把它仅限于以马克思主义观点重写中国哲学史，我从冯先生的话中得到启发，以"旧邦新命"作为廓清迷雾、解开马克思主义与中国传统文化关系争论的一把钥匙。

社会主义中国，是具有五千年历史的古老中国的当代存

在。中国是旧邦，是一个古老的国家，可当代中国是不同于传统中国的社会主义形态下的新的中国。中国共产党负有新的历史使命，这就是中华民族的伟大复兴。它包括创立社会主义新中国的民族复兴，也包括中华民族的文化复兴。这是一条既要坚持马克思主义思想理论指导，又要正确处理马克思主义与中国传统文化关系的道路。这条路历经100年的摸索，在艰难曲折中跋涉前行。有经验，也有教训。只有站在社会形态变革的高度进行审视，才能牢固确立中国共产党和社会主义社会以什么为指导思想，以及如何处理马克思主义与中国传统文化关系这个重大问题。这个问题仅仅局限在文化范围内是说不清楚的。

中国社会主义制度的建立是社会形态的根本变化，这是中国历史上几千年未有的大变化。自秦始皇统一中国之后的两千多年，中国历史的变化本质上是同一社会形态内部的变化。王朝易姓，改朝换代，都没有改变中国社会形态的本质。经济结构、政治结构、文化结构当然有变化，但都具有同一社会形态的历史继承性和延续性。中国封建社会是在一治一乱、王朝易姓中走向发展和成熟的。在中华民族的开化史上，有素称发达的农业和手工业，有许多伟大的思想家、科学家、发明家、政治家、军事家、文学艺术家，有丰富的文化典籍。历史上出现过儒释道的相互吸收，也出现新儒家，但儒学道统未变。在两千多年中，孔子是王者师，是素王，这个至高无上的圣人地位没有因为王朝易姓而发生根本变化。新王朝依然是尊孔读经，依然是看重儒家学说作为维护社会正常秩序和统治合理性的首要思想功能。

任何有点历史知识的人都知道，相信"水可载舟，亦可覆舟"的皇帝多，因为这是历史的经验；真正信奉"民贵君轻"，实行王道、仁政者极为罕见。这不是皇帝个人的罪恶。历史上皇帝并非都是坏皇帝，有不少对中国历史作出过贡献。这也不是儒家思想存心欺骗或愚民，封建社会的政治现实不能否定儒家学说精华中的思想价值。这是封建社会的经济关系和阶级关系使然。理想永远高于现实，现实从未完全符合理想，这是历史上一切伟大思想家的共同宿命，孔子也是如此。

二、只有以马克思主义为指导才能变革中国社会

清末，中国社会处于崩溃前夕。近代历史上出现过不少以身许国流血牺牲的仁人志士，可是中华民族的命运并没有改变。面临西方资本主义列强入侵，处于风雨飘摇没落时期的中华民族，无论藏书楼中有多少传世的经典宝鉴，传统文化中有多少令世人受用无穷的智慧，儒学中的正心诚意、修齐治平的道德修养和治国理政观念如何熠熠生辉，都不可能避免中华民族被瓜分豆剖的命运。历经失败，最终实现中华民族复兴的这个伟大任务，落在了中国共产党的肩上。中国这个旧邦要想复

兴，改变中华民族的命运，救人民于水深火热之中，不可能再沿着历代改朝换代的道路走，沿着历史上尊孔读经的道路走。

中国共产党成立的首要任务是革命，是推翻压在中国人民头上的"三座大山"，打倒帝国主义、封建主义和官僚资本主义，解放全中国，建立一个和历代王朝不同的社会主义新中国。这已经不再是历代封建王朝的延续和更替，而是社会形态的变化。要实现这个任务，从思想理论指导角度说，只有马克思主义才能发挥这个作用，因为马克思主义就是关于社会形态革命的学说。它的辩证唯物主义和历史唯物主义哲学、劳动价值论和剩余价值学说，以阶级斗争和无产阶级专政为核心的科学社会主义学说，是一个严整的、科学的思想理论体系。只有它才能为中国共产党解决中国问题，照亮处于危亡之际的中国，为沦为半殖民地半封建的中国找到一条中华民族复兴之路。中国民主革命的胜利，就是马克思主义中国化的胜利，就是马克思主义与中国具体实际相结合的胜利。这条道路是通过阶级斗争和武装斗争，通过血与火的斗争，生与死的决战，以千百万人的流血牺牲取得的。这是一条推倒既有社会秩序、等级、法统、道统的"犯上作乱"、革命造反之路，是与儒家和新儒家倡导的修齐治平、内圣外王、返本开新迥异的道路。

在革命胜利之后，中国共产党用了70多年寻找中国社会主义建设和改革之路。同样只有运用马克思主义的基本理论和方法，结合中国的具体实际才逐步弄清社会主义初级阶段中的

《共产党宣言》德文版第一版封面

生产力与生产关系、经济基础与上层建筑的关系，解决什么是社会主义、如何建设社会主义，找到建设中国特色社会主义之路。中国特色社会主义理论、道路、制度的建设，就其指导思想理论来说都是马克思主义，是马克思主义和中国具体实际的结合。

在讨论马克思主义和以儒学为主导的中国传统文化关系时，决不能忘记社会形态变革这个重大的历史和现实，不能忘记"旧邦新命"。马克思主义是无产阶级的阶级主义，是为无产阶级和人类解放而斗争的主义；马克思主义立足点是阶级、阶级关系和阶级斗争，而儒学是处理以宗法制度为基础，以血缘为纽带，以家庭为细胞的人与人的关系。儒学学说中没有阶级，只有君子与小人之别。这是以道德为标准的区别，而不是阶级区别。封建社会也有穷人和富人，这种区别在儒家看来只是贫和富的区别，而非阶级区别。儒家处理等级关系的方法，是正名；处理贫富关系的方法，是"贫而无怨，富而无骄"。马克思主义处理的是阶级关系，儒学处理的是同一社会内部的君臣、父子、夫妇、兄弟、朋友关系，即所谓"五伦关系"，而非阶级对抗关系。因此，马克思主义强调阶级斗争和夺取政权；而儒家强调"仁"与"和"稳定既成的社会关系。如果不懂得这个根本出发点，就无法理解登上中国政治舞台的中国共产党，为什么不能继续沿着儒家铺就的道路作为中华民族复兴之路，而要举起马克思主义旗帜。

"领导我们事业的核心力量是中国共产党，指导我们思想的理论基础是马克思列宁主义"，我们应该重新温习毛泽东当年这两句话。它包含为什么要以马克思主义为指导，以及如何处理马克思主义与中国传统文化关系的回答。

三、只有继承中华优秀传统文化，马克思主义才能在中国取得胜利

中国要革命，要变革，要走出民族存亡绝境，就必须以马克思主义为思想理论指导。但马克思主义不能取代中国传统文化。中国共产党人即使在激烈的革命时期，无论是在中央苏区，还是后来在延安，都关注文化建设，也关注中国传统文化的教育。毛泽东在《中国革命和中国共产党》《新民主主义论》《改造我们的学习》等著作中都论及如何对待中国传统文化的问题。尤其是《中国共产党在民族战争中的地位》一文中在讲到学习时，毛泽东强调："学习我们的历史遗产，用马克思主义的方法给以批判的总结，是我们学习的另一任务。我们这个民族有数千年的历史，有它的特点，有它的许多珍贵品。对于这些，我们还是小学生。今天的中国是历史的中国的一个发展；我们是马克思主义的历史主义者，我们不应当割断历史。从孔夫子到孙中山，我们应当给以总结，承继这一份珍贵遗产。这对于指导当前的伟大的运动，是有重要的帮助的。"说句实在话，从孔夫子到孙中山应当给以总结，继承这

一份珍贵遗产，这个任务仍然任重而道远。

马克思主义的强大力量就在于它与中国实际的结合，其中包括与中国历史和传统文化的结合。中国共产党是中国的共产党，而不是别的什么国家的共产党；是在中国建设社会主义，而不是在别的什么国家建设社会主义。无论是共产党，还是社会主义社会都是植根在这块具有深厚历史传统和文化传统的14亿人口的中国，当然应该重视中国的历史和文化遗产，重视中国传统文化尤其是长期处于主导地位的儒家学说对中国社会结构、对中国人的民族性格、对中国人的思想和价值观念的深刻影响。马克思主义要在思想和情感上为中国先进知识分子和以农民为主的中国人民所接受，必须植根于中国的历史和文化。中国革命需要马克思主义，中国文化和历史传统能接纳马克思主义。

依靠武力可以夺取政权，但仅仅依靠武力不能建设新社会。按照毛泽东当年的话，革命胜利只是万里长征第一步。新中国成立以后，需要解决的问题更多。这些问题包括社会生活各个领域，尤其是在精神方面，在软实力的建设方面，仅仅依靠马克思主义作思想理论指导，而不充分发掘、吸取与运用中华民族丰富的文化资源来进行社会治理、人文素质的培养、道德教化，是不可能完成的。如果说，在以军事斗争为中心的武装夺取政权时期，处理马克思主义与中国传统文化的关系问题还没有那么急迫，那么革命胜利之后，随着社会主义建设的发展，特别是改革开放后社会转型期的道德、信念、理想、价值中呈现出的某种程度的紊乱，就成为一个亟待正确处理的问题。

"攻守易势"和"马上得天下，不能马上治之"，是中国历史的两条重要经验。在革命时期，中国共产党处于攻势，主要是推翻旧中国和改变旧秩序，夺取政权，一个字，攻；革命胜利之后，中国共产党掌握全国政权，不能只破还必须立。现在不是我们向原来当政者进攻的时代，我们自己就是当政者，就处在时刻"被攻"的地位。国家治理如何，社会状况和社会秩序如何，人民生活提高如何，生态环境如何，全国人民的眼睛都望着中国共产党，一切都要由我们当政者自己负责。从这个角度说，革命的胜利，取得全国政权的开始，同时就是攻守易势的开始。

"马上得天下，不能马上治之"。通过革命斗争打出的天下，不可能在治国理政、调整内部矛盾时照样沿用革命的方法，照用武装斗争的方法。正心诚意、修齐治平，不是中国革命胜利之路，却是取得政权后当权者的修养和为政之道。以儒家学说为主导的传统文化包含丰富的治国理政、立德化民的智慧。必须研究中国历史上治国理政的经验和中国传统文化，尤其是儒家学说中注重社会和谐和民本的治国理政的智慧，研究如何立德兴国、教民化民。如果说前三十年有什么教训的话，我认为我们缺少这个方面。从反"右"斗争到"文化大革命"

发动全国进行群众性的斗争，仍然可以看到"马上得天下，马上治之"的方式。党内党外仍然处在紧绷的斗争之中，剑拔弩张，伤害了一些人。正是从这个教训中，我们理解了依法治国的重要性，理解了中国传统文化中优秀治国理政智慧的重要性，大力倡导树立和践行社会主义核心价值观，构建社会主义和谐社会，实现"马上"夺权到"马下"治国的精彩转身，对于一个民族来说，最有效的学习就是从自己的错误中学习。中国特色社会主义建设就是在不断总结经验中发展和前进的。

四、正确评价儒家在中华民族文化中的地位

中国传统文化博大精深。它流动于中华民族的生活方式之中、传统的风俗民情之中，凝集于包括儒墨道法诸子百家经史子集的经典之中。儒家不是中国传统文化的全部，但处于主导地位。中华民族文化复兴具有极其丰富的内容，包括多方面的任务，不能简单理解为仅仅是复兴儒学。

儒家哲学主要是人生伦理哲学。梁启超把儒家哲学归结为八个字：修己安人，内圣外王。修己安人是儒家哲学的功用。它的作用就是修己，即个人的道德修养或者说是修身。修己达到极处就是内圣，安人达到极处就是外王，即治国平天下。正因为儒家哲学是人生伦理学，因此，儒学中的命题都离不开人生问题。从孟子与荀子讨论的性善恶问题、告子与孟子讨论的

仁义之内外问题、宋儒讨论的理欲问题、明儒讨论的知行问题，都离不开做人的问题。修齐治平，都是道德修养的结果，都是内圣外王的表现。

陈寅恪关于冯友兰《中国哲学史》的审查报告说："故二千年来华夏民族所受儒家学说之影响，最深最巨者，实在制度法律公私生活之方面，而关于学说思想之方面，或转有不如佛道二教者。如六朝士大夫号称旷达，而夷考其实，往往笃孝义之行，严家讳之禁。此皆儒家之教训，固无预于佛老之玄风也。"儒家学说由于它在中国封建社会的政治作用，无疑长期处于中国传统文化的主导地位。以儒家学说为主导的中国传统文化的重要性，是毋庸置疑的。它是中华民族的血脉和文化之根。我们不可能也不应该割断中华民族的文化脐带，否定中国传统文化。

中国传统文化中的哲学智慧深如汪洋、高如崇山，尤其是其中的辩证智慧和丰富的生态观念。儒家学说虽然不能等同于中国传统文化，但与中国传统文化的基本精神是一致的，具有辩证性。任何片面性都会导致曲解。儒家既讲和，和为贵，又讲礼，"知和而和，不以礼节之，亦不可行也"。礼就是原则，因此"和"是有原则的，而不是无条件的"和"。既讲"以德报德"，又讲不能"以德报怨"；既讲"仁者爱人"，又讲"惟仁者，能好人能恶人"。有爱有憎，不是只爱无憎。既提倡"穷则独善其身"，孔颜乐处，也倡导"达则兼济天下"。既倡

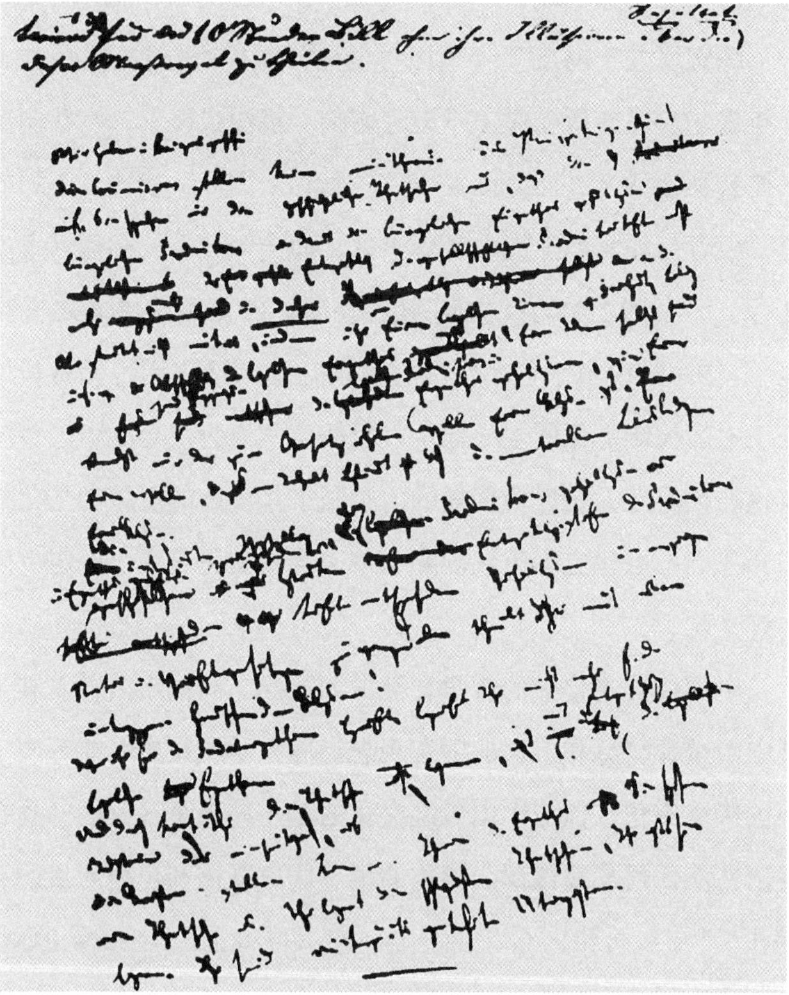

《共产党宣言》手稿第一页

导服从，不能犯上，也倡导"匹夫不可夺志"的独立人格，倡导"富贵不能淫，贫贱不能移，威武不能屈"的大丈夫精神。既讲富民，也讲教民。既讲尊君，也讲民本：居庙堂之高，则忧其民；处江湖之远，则忧其君。既讲向善，也讲向上。既讲民富，也讲国强。既讲厚德载物，也讲自强不息。既讲向善，也讲求真。儒家提倡"杀身成仁""舍生取义"，仁和义是付出生命代价的原则，而不是把自己变为盲目的杀人机器。这是与所谓"武士道"精神完全不同的中华民族精神。

中华民族传统文化是中华民族的精神家园。推翻具有半殖民地半封建社会性质的旧中国，建立社会主义形态的新中国，必须坚持马克思主义思想理论指导，必须有一个科学的世界观和方法论。可要使马克思主义在中国有生长的思想文化土壤，要保持中国人的中华民族特性，要使中国人有颗中国心，必须继承中华优秀传统文化和优秀道德。如果不以中华优秀传统文化和优秀道德来涵养中国人，没有对中华优秀传统文化和优秀道德传统的继承，就培养不出有高度文化素质和道德素质的有教养的中国人。即使取得政权，也不可能建设一个具有高度发达文明和文化的新中国。

中国是多民族国家，我们重视民族文化的多样性，但更要重视中华民族文化一元性的认同。这是维护民族团结、国家统一的思想文化黏合剂。习近平总书记说："一个国家、一个民族的强盛，总是以文化兴盛为支撑的，中华民族伟大复兴需要以中华文化发展繁荣为条件。"① 历史证明了这个真理，凡以军事力量建立的大帝国，如罗马帝国、蒙古帝国、奥斯曼帝国、波斯帝国，都不可能单纯依靠军事力量来维系。一旦解体，就会分裂为许多各自拥有自己民族文化的国家。一个国家没有占主导地位的统一的文化、没有能相互交流的统一的语言，就没有向心力和凝聚力。苏联解体后的情况，就是如此。原来互为一家，现在有些以邻为壑。

五、中国传统文化创造性转化和发展

民族是文化的主体，文化是民族的血脉。清末中华民族传统文化的危机，与中华民族的困境相伴而行。而中华民族的复兴，则是中华民族文化复兴的前提。一个民族文化的命运与民族自身的命运不可分。毛泽东曾经说过："伟大的胜利的中国人民解放战争和人民大革命，已经复兴了并正在复兴着伟大的中国人民的文化。"没有中华民族的复兴，就不会有中华民族的文化复兴。

只要看看世界文化史，看看当今战火纷飞民不聊生的伊拉克、叙利亚、利比亚，看看内乱不已的埃及，想想巴比伦

---

① 《习近平关于社会主义文化建设论述摘编》，北京：中央文献出版社 2017 年版，第 3—4 页。

文明、两河流域文明、埃及尼罗河文明昔日的辉煌，就可以明白这个道理。一个民族自身的盛衰兴亡决定这个民族的文化命运。任何国家处于分裂，民族处于危亡之际，文化不可能独自辉煌。正是因为中华民族的崛起，孔子才能周游世界，以中国传统文化为内核的国学才能兴起，儒学才能重放异彩。

只有从民族复兴是文化复兴前提的角度看，我们才能理解"五四"时期先进知识分子，面对千年从未有之变故，为求民族之生存，把中国传统文化称为"旧文化"，而把自己追求的科学和民主称为"新文化"的合理性和必然性。传统文化的载体最主要的是儒家经典。反对"尊孔读经"是"五四"时期先进知识分子的普遍思潮。其实，他们都是具有最丰厚旧学修养、熟稔中国古籍的人。发端于 1915 年逐步酝酿而爆发的五四新文化运动之所以称"新文化运动"，如果脱离当时历史条件而只就文化自身来划分新旧界限，必然导致文化虚无主义。新文化运动的新，并非针对整个中国传统文化，而是在民族处于存亡之际，把矛头指向服务于封建制度的旧道德、旧的思想传统。五四新文化运动是一次倡导科学和民主的启蒙运动，在文化运动背后包含着追求民族复兴的期待。当然，五四运动留下一个负面影响，这就是把传统文化笼统称之为"旧文化"，而把民主和科学称之为"新文化"，这种新旧文化二元对立的观念，堵塞了由传统文化向当代先进文化转化的可能性和途径。

中华民族文化如黄河长江，不可能抽刀断流简单区分为新与旧，而是民族精神中的源与流。中国传统文化是中国社会主义文化之源，是文化母体。没有源，河流必然干涸，必然断流。中国文化的特点是源远流长，具有持久性、不间断性和累积性。魏徵《谏太宗十思疏》曾讲到源与流的关系，说"欲流之远者，必浚其泉源"。"源不深而望流之远""塞源而欲流长"根本不可能。当代中国文化同样存在"浚源"与"塞源"的问题，要"浚源"而不能"塞源"。这当然不是说，我们可以原封不动地保持中国传统文化。源是文化母体，流是文化的延续。文化是流动的水，它不会停止。可是它往哪个方向流，是与政治道路选择密不可分的。

中国传统文化在近代的流向有不同的主张：往回流、往东流、往西流、往前流。往回流，是辛亥革命后的复辟派，以及当代中国个别新儒家中主张"儒化社会主义""儒化共产党"的思潮。这是往回流的复古思潮。往东流是甲午中日战争后，中国败于自己的学生日本而引发的留学东洋的热潮，但很快就为西流所取代。往西流是主张"全盘西化"。这种思潮，是反对"中国文化优越"论的保守旧思想，其中包含向西方学习的某些合理主张，可"全盘西化"的政治道路是走不通的。在当代社会主义中国，"全盘西化"是与中国特色社会主义道路逆向而行的思潮，其中不乏"西化"和"分化"的诱饵，是为在中国推行"颜色革命"从思想上铺路。可以说，往回流、往东流、往西流，都是中国传统文化的断流。只有继承和发扬中华优秀传统文化，吸取西方先进的优秀文化，建立社会主义先进文化，才能使中华民族文化滚滚前流。保持中国传统文化滚滚前流的机制，就是习近平总书记提出的以马克思主义为指导的创造性转化和创新性发展。

六、可不可以"尊孔读经"

中国传统文化创造性转化中，有一个重要问题就是文化复兴与文化复古的界限问题。其中最尖锐最具争论性的问题，就是要不要"尊孔读经"，可不可以"尊孔读经"。按照历史唯物主义观点，没有抽象的真理，真理是具体的。为维护封建制度或复辟封建帝制的"尊孔读经"，无论是清末的中体西用还是袁世凯们提倡的"尊孔读经"，都是我们必须反对的。某些文化保守主义者提倡的以对抗马克思主义为目的、以抵制西方文明优秀成果为旨归的"尊孔读经"，也是我们不能赞同的。

在社会主义条件下，"尊孔读经"是另一种性质的问题。此一时，彼一时。经，要不要读？这是毫无疑问的。"经"是中国传统文化的文本载体，要深入研究和理解传统文化，读经是必经之路。"孔"，要不要尊？孔子是中国伟大的思想家、教育家，是中国传统文化的整理者、继承者和创造者，理应受

53

到尊敬。关键不在于是否"尊孔读经",而在于为什么读,如何读;为什么尊,如何尊。创造性转化,是文化复兴和文化复古的界限。文化复兴的立足点是今,是古为今用;文化复古的立足点是古,是今不如古。

只有创造性转化,才是正确处理马克思主义与中国传统文化关系的枢纽。而创造性转化的理论和方法论原则,就是坚持马克思主义的基本理论和方法论指导。我们不可能依然按照封建统治者的态度对待孔子和儒家学说。中国的变革,不是沿着原有的改朝换代方式向前发展,而是社会形态的变化。这种变化,不可能不改变孔子和儒学在封建社会原来的地位和功能。中国共产党人从中国历代帝王对孔子加封的那些"阔得吓人的头衔"中,既看到孔子在中华民族的地位,同时也看到历代统治者尊孔的政治意图。中国共产党人同样尊重孔子,但不是把它作为维护既定社会秩序的思想工具。中国共产党人是革命者、是改革者,是一切既得利益和等级制度的反对者。我们要真正恢复孔子作为中国伟大文化整理者和创造者、伟大思想家、伟大教育家的地位,还原一个在中华民族文化创建中具有至高无上地位的真实的孔子。对于儒家学说,我们也不是像历代封建王朝那样看重论证等级制度合理性、维护既定社会秩序的政治职能,而是吸取其中治国理政、道德教化的哲学智慧和人生伦理智慧,清洗它在中国传统文化中处于主导作用的浓重的政治性因素,重视它对中华民族特性塑造的文化功能,并与中国传统文化中博大精深的多种智慧相结合。

我们提倡中华民族的文化复兴，祭拜孔子，阅读经典，不是简单呼唤回归儒学，回归传统，更不是独尊儒术。祭孔，是国家大典，表示我们国家对中华民族伟大先圣孔子的尊敬，并非要在所有地方、所有学校普遍开展全民的祭孔运动；读经，深入研究经典是国学家的专业，也并不需要学校普遍开展全民读经活动。在中国传统文化的教育中，我们当然要注重经典的学习。但终究不是所有学生都是国学家或准备当国学家。在当代世界，我们应该引导学生的目光关注世界，关注世界形势和科学技术的新发展；关注现实，关注中国特色社会主义的建设。我们不能把学生的全部注意力和兴趣引向"古书"。专业研究是一回事，传统文化教育是另一回事。

传统文化教育更不能取代马克思主义教育。马克思主义教育完全能够与中国传统文化教育相结合，并行不悖，相得益彰。如果社会主义国家的青年学生不学习马克思主义，对什么是辩证唯物主义、什么是历史唯物主义、什么是资本主义、什么是社会主义，对马克思主义最基本的原理，如生产力和生产关系、经济基础和上层建筑等一点常识都没有，那请问，他们拿什么去观察当代世界，观察当代社会，观察我们的国家呢？而且可以断言，不懂马克思主义基本理论和方法，对中国传统文化的精髓也很难把握。

在中国传统文化教育中，应该区分学生文化程度和接受水平，有选择性地阅读"经典"，包括某些骈散名篇，诗词佳作。这有利于文化素质和道德水平的培养。但对没有分辨能力的青少年，要加强引导。我不赞同不加区分地宣扬用《女儿经》去造就现代的淑女和闺秀，用《二十四孝》中的"埋儿得金""卧冰求鲤"作为孝道的榜样，用《弟子规》把我们的孩子培养成"中规中矩"、"低眉下目"、没有创造性的小大人，更反对不问是非只讲温良恭俭让的绵羊性格。

中国传统文化是阴阳合一、刚柔相济的文化。当代世界并不平静，波涛汹涌，要有忧患意识。我们要重视培养我们青少年的爱国主义传统，刚健有为，有血性、有刚性、有韧性。这是中华民族复兴伟大事业代代相续不会中断的保证。"加强爱国主义、集体主义、社会主义教育，引导我国人民树立和坚持正确的历史观、民族观、国家观、文化观，增强做中国人的骨气和底气。"① 习近平总书记这段话，应该是我们重视中国传统文化教育的根本目的。

总之，不要抽象地争论马克思主义指导和中国传统文化的关系，尤其是非历史主义地争论马克思主义与儒学的高下优劣抑扬褒贬。一个是中国革命和社会主义建设的思想理论指导，一个是中华民族的精神血脉和中华民族的文化之根。应该用历

---

① 《习近平谈治国理政》，北京：外文出版社 2014 年版，第 162 页。

史唯物主义观点处理马克思主义与中国传统文化的关系，反对
蔑视以儒学为主导的中国传统文化的文化虚无主义，中国的马
克思主义可以从中国传统文化的精髓中得到思想资源、智慧和
启发，但也要防止以高扬传统文化为旗帜，反对马克思主义、
拒斥西方先进文化的保守主义思潮的沉渣泛起。

第四章　历史与历史的书写

历史不可能自我呈现，必须通过历史研究重构。历史事实、历史书写以及历史观这三者的关系，是历史学科能否建成人文性与科学性并重的学科不可能绕过的"卡夫丁峡谷"。

一、历史和历史书写中的重构

历史的客观性和历史书写的客观性是两个不同的概念。历史作为既往的人类活动的总和，是不以后人意志为转移的客观事实。对于后人而言，历史已经是无可改变的既成的存在，具有与自然存在同样的客观性。习近平总书记强调："历史就是历史，历史不能任意选择，一个民族的历史是一个民族安身立命的基础。不论发生过什么波折和曲折，不论出现过什么苦难和困难，中华民族 5000 多年的文明史，中国人民近代以来 170 多年的斗争史，中国共产党 90 多年的奋斗史，中华人民共和国 60 多年的发展史，都是人民书写的历史。"①

历史书写的客观性，是对人们历史书写所达到的历史真实程度的评价。我们追求信史，就是追求真实反映客观历史的历史书写。但历史书是由人书写的。由于历史观和价值观的不同，因而面对同样的历史人物、同样的历史事件、同样的时代，完全可以有不同的历史评价。不仅历史评价不同，史料的选择和运用也可以不同。在撰写中，人们对史料采取过滤、选择、取舍，以服从自己的历史观和历史评价。有选择就可能有偏见。选择的空间越大，历史书写的差别就会越大。如何处理历史的客观性与历史书写的客观性的关系是史学的根本性问题。一切有关历史的争论，都不可能绕过对历史的客观性和历史书写的客观性相互关系的不同看法。

我们重视历史，是重视历史的客观性还是重视历史书写的客观性，即史学著作的可信度？我认为，这两者都应该重视。

---

① 习近平：《在纪念毛泽东同志诞辰 120 周年座谈会上的讲话》，北京：人民出版社 2013 年版，第 12—13 页。

重视历史的客观性，是指重视自己国家和民族的发展的真实客观过程。历史是尝然，已经由存在转变为非存在，由有到无，而历史的书写则是在看似"无"中寻找"有"。刘知几在《史通》中说："夫英贤所出，何国而无？书之则与日月长悬，不书则与烟尘永灭。"①詹姆逊在《政治无意识》中说："历史只有以文本的形式才能接近我们，换言之，我们只有通过预先的（再）文本化才能接近历史。"②可见历史书写对再现历史客观性的重要性。

历史书写的客观性与历史的客观性关系并非相片与人的关系。历史的书写不是客观历史的摄影，而是对历史问题的研究。以问题为导向同样应该是研究历史的方法。历史研究的是历史中的问题，而不是追求再现历史的全景。因此，历史书写的客观性与客观历史不可能无缝对接，尤其不可能追求细节上的绝对同一。历史具有无限的细节，没有一个历史学家能复原一次重大历史事件或重大战争的全部细节。即使一万个历史学家都不可能详尽一次重大战争从统帅到士兵所经历的全部细节。做不到，也无必要。历史书写当然要重视细节，但重视的是对解决历史问题包括事件和人物具有关键作用的细节，而不是追求事无巨细、有事必录的细节。如果这样，这就不是书写

---

① 刘知几：《史通》，北京：时代文艺出版社2008年版，第151—152页。
② ［美］费雷德里克·詹姆逊：《政治无意识》，王逢振、陈永国译，北京：中国社会科学出版社1999年版，第70页。

的历史，而是要求历史自身的再现，如同要求死者复生。这是极其荒唐的历史观。

从后人角度看，谈论历史的客观性，当然离不开历史文献、历史文物和地下发掘，总之与当时历史有关的客观材料，都承载着历史的信息。我们的考古发掘对中国历史研究的贡献可圈可点。可是一个国家和民族的历史客观性，不仅要重视文献记载，或历史残存的遗迹或文物，同样也应该重视历史发展的连续性，即历史在当下的影响。我们的文化中存在的文化传统，我们的社会风俗习惯中的民风民俗，我们的政治制度和发展道路之所以有如此的历史渊源和历史制约性，都是历史客观性的证据。我们必须摒弃历史与现实二元对立的历史观，要从现实中发现历史的客观性，从历史中发现现实中存在的历史必然性。一个国家和民族的历史、现实、未来，具有内在不可分割的客观关联性，这种关联性中就包含历史客观性的基因。

每一代人的活动都是在既定的历史条件下进行的。这个条件就是我们的前代人提供的，我们不可能在另一个条件下活动。中国的辛亥革命是在清王朝处于崩溃时发生的，因此它不可能是 1789 年法国大革命的中国版。中国辛亥革命没有可能在中国建立一个资产阶级的民主共和国，而只能是陷入军阀混战，因为中国辛亥革命并没有一个强大的资产阶级作为领导和支撑，还因为辛亥革命是在中国人民对腐败的清朝政府的不满和中国当时处于被西方帝国主义入侵陷于亡国灭种的情况下产

生的革命，并非资产阶级壮大的需要。因此在辛亥革命后难以
建立资产阶级的民主共和国，而只能出现代表不同利益，由不
同帝国主义支持的军阀混战。国民党背叛孙中山先生的理想和
临终遗嘱，在统一之后建立的是代表大资产阶级和买办资产阶
级大地主利益的政权，而并非资产阶级的民主共和国。中国共
产党领导的革命，是继承孙中山先生的未竟事业，不同的是我
们以新民主主义革命取代旧民主主义革命，并在新民主主义革
命胜利的基础上进行社会主义革命。不懂中国近现代史，就不
懂中国共产党何以能包容孙先生的资产阶级民主共和国的理想
而建立一个自由、民主、平等的社会主义新中国。正如马克思
所说，我们都是在"直接碰到的、既定的、从过去承继下来
的条件下创造"。① 如果我们不了解中国的历史，尤其是不了
解中国近代史，就不可能真正了解中国的道路选择和制度选
择，以及这种选择中包含的优秀历史传统的继承和改造。

我们重视历史的客观性，重视考察中国问题的历史角度，
重视历史溯源，但我们同样重视历史的书写，即重视历史研究
的客观性。历史的规律是隐藏的，是看不见的内在动因，必须
通过研究才能发现。科学的历史书写就是使客观历史中蕴藏的
规律性和内在连续性、继承性和因果性，通过历史事件、历史
人物以及彼时彼地的人民生活方式，为人们所理解、所掌握、

① 《马克思恩格斯文集》第 2 卷，北京：人民出版社 2009 年版，第 470—
471 页。

Zur Kritik

der

Politischen Oekonomie

von

Karl Marx.

Erstes Heft.

Berlin.

Verlag von Franz Duncker.

W. Besser's Verlagsbuchhandlung.

1859.

《政治经济学批判》第一分册，1859 年柏林版

所运用。我们不可能直面历史，而只能通过历史著作学习历史。历史书写，无论是通史还是断代史，都有历史著作的特点，也就是历史都是顺时性书写，即从前往后写。无论是通史还是断代史都必须以解决历史问题为导向，并对现实问题的回答有溯源意义。因此历史的书写既能以事实为依据合理地阐明历史由何而来，又能合理地推测历史向何处去。这样，历史书写就超出单纯记事的水平而上升到以问题为导向的具有历史规律探索的高度。

当然，并不是所有历史的书写都是真实的、无可怀疑的。从专业角度看都会存在对人物评价、事实厘定的不同意见的争论。书写不同，才会出现各种不同的版本，才会有哈佛中国史、剑桥中国史，以及其他国家学者编的中国史。中国人自己编的中国史也是多种多样的，并未定于一尊。这就产生一个矛盾：一个国家的历史过程是唯一的、不可改变的，而对历史的阐述可以是多。不独中国，全世界的历史的客观性和历史书写之间都存在这种一与多的矛盾。西方几百年的殖民主义历史，对被殖民国家是血与火的历史，可他们自己却誉为光荣的历史。殖民者和扩张者被殖民地人民视为刽子手，而在他们自己的国家被尊为英雄。可见，历史的书写容易表现为历史书写者的话语权。各国的学者有权编写中国的历史书，我们重视他们的研究成果。但我要强调的是，中国的历史教科书应该由中国学者自己编写，反映真实的中国历史和中国人民的根本利益。

历史教科书不同于历史学术著作，没有一个国家的历史教科书编写权是掌握在别国人手中的。

历史书写不可信，因为是胜利者书写的历史。这个观点影响至深。例如中国为前朝修史的是后朝，也就是说，是胜利者为失败者修史。如果我们对这个问题没有一个正确的历史观，必然陷于历史怀疑主义甚至历史虚无主义。

中国历史上王朝更替是新王朝建立和旧王朝终结的历史，也就是所谓胜利者战胜对方的历史。但中国历史不仅是王朝更替的历史，而且还包括社会生活的方方面面。就整体而言，它包括生产方式、生活方式、物质和文化领域中的创造，这些并不会因为王朝更替而消失，虽然战乱可能带来损失，但新王朝建立后会在继承的基础上向前发展。因此，历史不单纯是胜利者的历史，同时也是历史发展自身的历史，也是人民创造的历史。历史的内容远远超出单纯王朝易姓的范围。当然，中国历史上王朝的更替，总是在一定程度上反映了当时历史发展的要求。胜利者往往是因为他们的行动在一定程度上反映了历史发展冲破旧的制度的要求，是历史使命不自觉的执行者。至于就历史的书写而言，代表胜利者和失败者双方不同立场的史学的书写，会存在评价甚至史料运用的差别。这种差别无法改变胜利者的胜利和失败者的失败的深层原因，旧王朝的腐朽已经成为历史发展的障碍，因而才会被取代。新的王朝经过一段时间以后重蹈覆辙，又被取代。在这个形似反复的周期中，蕴含着历史螺旋式上升的秘密和历史的规律。

历史的书写有真有假，有历史的伪造者，可同时也会有历史真相的揭露者。正如习近平同志指出的："事实就是事实，公理就是公理。在事实和公理面前，一切信口雌黄、指鹿为马的言行都是徒劳的。黑的就是黑的，说一万遍也不可能变成白的；白的就是白的，说一万遍也不可能变成黑的。一切颠倒黑白的做法，最后都只能是自欺欺人。"①

伪造的历史事实之所以难以持久，是因为历史事实的发生不是孤立的，而是处于多种事实相互关联中。任何一个历史学家无法伪造历史事实的复杂的相互关系，包括事件和人物。在历史学中，孤证不能成立。任何单独事实的伪造，最终会被揭穿。哪怕一百年两百年，事实终会大白。历史伪造可以流行于一时，可以在一定时期欺骗一些人，但不可能在所有时间欺骗所有的人。历史事实是历史的硬核，而历史的伪造是谎言，充满难以自圆其说的事实和道理上的矛盾。

在历史发展中，偶然性的作用当然存在，这就是历史中经常会出现"如果"、"假如"的原因。汤因比说："在人类事务中，个别人物的生存期限却可能是非常重要的。假如亚历山大大帝的父亲菲利普没有被刺，而是尽其天年，那末亚历山大就不会有他的那一番事业了。假如亚历山大在 33 岁时没有病逝，

① 习近平：《在纪念中国人民抗日战争暨世界反法西斯战争胜利 69 周年座谈会上的讲话》，北京：人民出版社 2014 年版，第 14 页。

而是活到他手下那些将领的平均年龄——他们都相当长寿——即活到 70 岁或 80 岁，那末历史就会完全不同了。"① 这种问题可以举出无数。如果光绪不是死于慈禧之前而是仍然活着并掌权，中国的维新变法就可能会取得成功，中国历史就会是另一个样子。或者说，列宁如果不过早逝世而活到 20 世纪 50 年代，推行新经济政策的苏联会不会是另一个样子？如果斯大林不是死于 1953 年而是晚死 10 年，那么是否会有赫鲁晓夫的秘密报告和全盘否定斯大林？如果没有戈尔巴乔夫、叶利钦，苏联是否就不会解体？总之，我们可以为历史设想无数个假如。历史注定不能假如，因为历史是曾经的存在，是尝然，是无法改变的事实，否则不能归为历史。

历史已经不存在多种可能性，而是多种可能性中的一种已经实现。在现实中存在多种可能性选择。这种不同选择，可以代表不同阶级、不同政治派别和不同集团利益之间的斗争。中国道路，就是中国共产党人的选择，而资本主义道路是西方多年来轮番实行的遏制、接触、对抗政策的最终目的。这就是当代中国的现实。这两种选择的斗争就是中国道路之争、中国制度之争，这个斗争并没有结束。习近平新时代中国特色社会主义思想坚持的就是中国社会主义道路，反对资本主义道路，并要防止颠覆性的错误，要有忧患意识，要不忘初心、牢记使

---

① ［英］汤因比：《汤因比论汤因比——汤因比与本厄对话录》，王少如、沈晓红译，上海：上海三联书店 1989 年版，第 6—7 页。

命，就是对坚持中国共产党人坚持的道路说的。

我们不能说，凡是历史的存在都是必然的。因为在历史的形成过程中，偶然性同样会发挥它的重要作用。但当历史成为既成事实，偶然性便不再存在，历史就成为不可改变的存在。因此，研究历史不是研究历史的假设，而是研究实在的历史。而对各种未能出现的"假如"的研究，应该放在历史规律性的高度去分析"假如"为何没有出现、不会出现的原因。这种分析可以从另一方面加强对历史规律的把握，而不是用假如来为既成的历史选择另一条并不存在的道路。

我们应该从规律性角度分析战争。打了第一次世界大战，接着又发生第二次世界大战。我们无法断定存不存在发生第三次世界大战的可能性。但是在第二次世界大战以后，战火不断，局部性的战争并没有停止，种种可燃物仍然存在。以史为鉴不是不会有战争狂人想发动战争，而是好战必亡，战争狂人最终会遭到战争的惩罚，这是规律；凡是侵略者最终必然以失败而告终，这是规律。习近平总书记指出："纵观世界历史，依靠武力对外侵略扩张最终都是要失败的。这就是历史规律。"①

二、历史书写首先必须尊重历史事实

曾经的现实称为历史，正在经历的存在称为现实。历史与

① 《习近平谈治国理政》，北京：外文出版社2014年版，第248页。

现实之间并没有停止不动的分界线，而是随着社会发展，现实不断变成历史，而历史的连接处是现实。但是历史并不因为它是过去的存在而成为非存在。它以其保有的历史能量孕育着与其衔接的现实。历史是一个民族的现代的基因，也是一个民族的传统，就它对现代的作为民族的基因和作为历史传统、作为民族的集体记忆而言，历史仍然是在场者，而非化为虚无。而历史观则是多元的，是主体认定的应然。在不同历史观的映照下，历史事实往往会发生变形从而发生历史有没有事实的争论。

什么是历史事实，是历史哲学不断追问的问题。古今中外，除少数历史学家外，很少实际的历史学家会怀疑历史存在事实，或者要弄清"什么是历史事实？"这个历史形而上的问题才开始从事历史写作。如果这样，可以肯定到现在为止都不会有历史著作，而只有历史哲学。没有一个严肃的历史学者认为自己的历史著作完全不是事实，而是自己在胡扯。只有为了制造轰动效应的人才会以玩世不恭甚至轻薄的态度对待历史，弄出这玩意儿，那玩意儿。

真正的历史学家最基本的一点就是：按其本性是倾向于承认有历史的事实，写历史起码要尊重事实、叙述事实，否则自己就是在从事一个毫无价值的蓄意骗人的工作。尽管由于种种原因，历史事实材料的发掘或叙述会有某种困难，但寻求历史真实是历史学家的天职，否则，历史学的存在就是对历史学的

Das Kapital.

Kritik der politischen Oekonomie.

Von

Karl Marx.

Erster Band.

Buch I: Der Produktionsprocess des Kapitals.

Dritte vermehrte Auflage.

Das Recht der Uebersetzung wird vorbehalten.

Hamburg

Verlag von Otto Meissner.

1883.

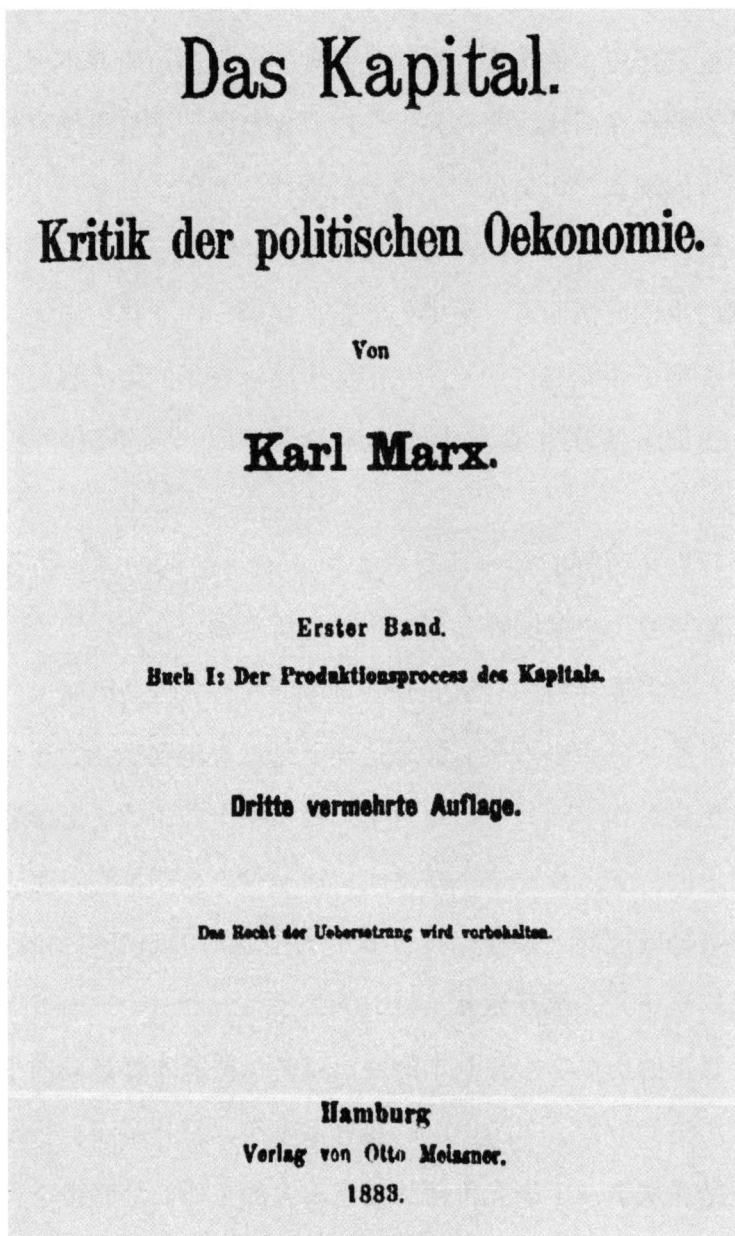

《资本论》第一卷

自我否定。历史学家相信历史的真实性，而历史哲学则要批判性考察历史真实性的哲学前提。这两者可以互补共存，共同促进历史学科的发展。

不存在否认历史有事实而又从事历史研究或写作的历史学家。当然，否认某个具体的历史事实会有的，这属于历史学自身学术争论范围，而不是完全否认历史事实。历史观支配的历史著述是一回事，而对历史的哲学前提的考察是另一回事。历史学科学化水平与历史观的性质不可分，历史观决定对历史资料的采信和对历史事实的解释。历史哲学的产生和它对历史学的"入侵"，是历史学的杀手，还是历史学研究视野的扩展和历史学科更趋科学性的产婆？不能绝对非此即彼。历史哲学对历史学是个双刃剑。它既可以促进历史学的发展，也可能是毁掉历史学科真实性的杀手。问题在于历史学家如何正确分辨和对待历史哲学中的种种观点。我们当然不能说，历史学家不必研究历史哲学，或历史哲学不必研究历史，各司其职。但历史学家成为历史哲学家是一回事，历史学家能否完全不理会历史哲学的影响，甚至排除历史哲学的影响是另一回事。历史学不可能无视历史哲学的影响，而历史哲学也不能无视历史自身性和规律性。

历史学无法不受历史哲学的影响。例如克罗齐的"一切历史都是当代史"，就是一个历史哲学的命题，影响至深。因为任何历史书写者都属于特定的历史时代，人的生命有限，对历史事实不可能都亲见亲闻，而历史书写的对象或通史，或断代史中的事件或人物属于另一个时代，甚至年代久远，因此都是后人编写我们前人的历史。但是，片面强调"一切历史都是当代史"，必然是把人类的全部历史当代化或当成当代化的历史，每一代历史学者都是按照书写者自己的时代、观念、思想重构历史，而且是永远不断地重构。"历史真实"永远笼罩在重构的不可信的迷雾之中。以这种历史观指导历史写作，往往会自觉或不自觉地沦为历史的伪造者，尽管自认为是合理地构建过去。有位学者说得好："谁会在乎历史学家的马后炮呢？"我们应当提醒那些学者不要沉迷于自己的观点便忘了当时的可行性。

不具真实性的往往是历史的书写，因为历史书写可以伪造历史，而客观历史本身是既成的、无法伪造的。历史之所以需要专门研究就是因为历史真实性不是唾手可得的，需要文献整理、地下发掘、历史考证，需要多学科的配合。正因为这样，才显出历史学科成为科学的重要性。历史观不能代替历史，思想不能取代事实。

历史哲学由于它的思辨性和抽象性似乎声誉不佳，往往为一些历史专业学者所拒斥。法国学者雷蒙·阿隆在《历史哲学导论》中论及科学和历史哲学时曾说过，"在法国，历史哲学是一种如此之声誉扫地的文科学行当，竟致没有人敢承认自己是搞历史哲学的"。人们把它和科学对立起来，有如幻想之于严谨、直觉之于知识更新那样。但是阿隆并没有不加分析地把历史哲学与历史学对立起来。他区分两种历史哲学：一种在科学之后形成的历史哲学，还有一种在科学之前形成的历史哲学。前一种支配着对事实的选择，后一种主要是统一本来就相互紧密联系着的精神世界和现实世界。他认为科学与哲学存在统一和真正的区别。说统一，是因为前者至少部分地包含有后者所赋之以形式的东西；说区别，是因为前者要服从多样性并始终意识到自己的特殊性。历史哲学家的特点就在于通过一种双重的努力，对共同的经验作出贡献并使它的判断具有无限的性质。

历史哲学不是历史学的杀手，也不一定是救治历史学科科学性缺失的良医。但不管历史哲学的观点如何纷乱杂陈，它提出的观点或难题会从正面或反面促进历史学科的科学化。历史学与历史哲学应该是相互辩论、相互促进使双方都得到发展。如果把历史哲学与历史学的关系当成赛场的运动员和裁判的关系是不正确的。历史学家应该重视历史哲学提出的问题和思想，但不能不加分析地奉为圭臬。事实上，没有一个严肃的世界史学家会按照世界历史是绝对观念从东方到西方最后在德国最终实现来编写世界史；也没有一个严肃的历史学家研究罗马史、研究中国古代史，会认为可以不尊重罗马和中国古代已经证实的历史事实，片面地强调它是当代人按当代人的观点写的当代史。如果同样是书写罗马史、中国古代史，可事实使用的是彼此矛盾，其中肯定有真伪，有全面与片面之分。观点可以有异，但如果材料无所谓真假，能叫历史研究吗？不是。历史研究要重视历史事实。无论以史代论，或以论代史都是片面的。

中国历史最长，历史著作在世界史学著作中最为丰富。中国不仅有史学传统，也具有丰富和富有智慧的历史理论。与西方不同的是，中国不是从抽象的思辨哲学的本体论、认识论和语言学转向来规定历史写作，来论述历史理论，而是与实际的历史写作结合在一起。历史理论就寓于历史学的实践之中。章学诚强调，"未尝离事而言理"。中国历史学不是抽象争论"什么是历史事实？"或历史是否能认识之类的纯哲学问题。中国历史学讨论的历史理论问题，都是实际历史变迁、王朝更替、治乱兴亡中存在的具有普遍规律性的问题。究天人之际、通古今之变对中国古代历史著述具有总纲性质。当然随着时代发展，对天人之际中的"天"有不同的解释，天与道、与理、与民结合，越来越清洗掉其中的天命论成分。

在如何处理历史观与历史研究的关系时，马克思和恩格斯为我们树立了榜样。恩格斯曾经以嘲笑的口吻调侃德国哲学家，说他们热衷于谈论如何写历史，但从来不写历史。[1] 这种所谓历史哲学家只是抽象的历史哲学家，因为他们不会运用历

---

① 参见《马克思恩格斯文集》第 10 卷，北京：人民出版社 2009 年版，第 174—175 页。

史理论进行实际的历史研究。（公众号：马克思主义理论研究）马克思一生都关注历史研究，包括思想史和人类社会发展史。马克思在大学期间就注意历史研究，他研究过法国革命史、路德维希的《近五十年》、兰克的《德国史》。他为撰写毕业论文而研究和摘录的《关于伊壁鸠鲁哲学笔记》，就是对古希腊罗马哲学思想史的研究。在长达四十年的《资本论》写作期间，同样注意经济史和经济学说思想史的研究，包括重农学派、英国古典学派的亚当·斯密、李嘉图以及庸俗经济学家的研究。这些研究成果后来整理为《剩余价值学说史》。晚年，马克思仍然关注历史研究。逝世前一年多，马克思还认真阅读德国历史学家施洛塞尔的《世界史》（18 卷）、博塔的《意大利人民史》、科贝特的《英国和爱尔兰的新教改革史》、休谟的《英国史》、马基雅弗利的《佛罗伦萨史》、卡拉姆津的《俄罗斯国家史》、赛居尔的《俄国和彼得大帝史》、格林的《英国人民史》，并写下大量批注，对公元前 1 世纪到公元 17 世纪欧洲的历史做了批判性的评述，为后世留下了《历史学笔记》。

马克思和恩格斯还亲自撰写历史著作。马克思的《路易·波拿巴的雾月十八日》《1848 年至 1850 年的法兰西阶级斗争》和恩格斯的《德国的革命与反革命》就是马克思那个时代的当代史。《论原始基督教史》《德国农民战争》《家庭、私有制和国家的起源》都是马克思主义历史唯物主义和历史写作相结合的典范之作，既有史实又有哲学的分析。马克思和恩格斯既有所谓宏大叙事的历史著作，如《家庭、私有制和国家的起源》，也有微观的历史著作，如《路易·波拿巴的雾月十八日》。

恩格斯曾经赞叹马克思的《路易·波拿巴的雾月十八日》这部天才著作中所显现的历史分析力量。对于马克思和恩格斯来说历史唯物主义是历史研究的工具，也是观察现实的工具。没有历史眼光不可能透视现实，而没有现实观察能力也不可能有真正的历史眼光。马克思和恩格斯发表的关于19世纪中叶东方和中国发生事件的评论所表现的洞察力，就充分体现了历史唯物主义的现实观察力。

毛泽东是历史唯物主义的继承者和创造者，他的不少文章和著作所坚持的历史观，就是历史唯物主义的基本观点。毛泽东终生喜欢历史，他读过和圈点过的史书，难以数计。毛泽东的读史评论，无论是对历史事件和历史人物的评价都表现了历史唯物主义作为历史方法论的力量。党的十八大以来，习近平总书记围绕学史、治史、用史发表了一系列重要论述，创造性地发展了唯物史观，并为我们如何运用历史唯物主义观点研究历史树立了典范。习近平总书记强调学习"四史"，特别是中国共产党党史，要把党史学习好、总结好、传承好、发扬好，反对历史虚无主义。如果一个历史唯物主义的信仰者，完全不懂历史，既不会分析历史问题，又不会以历史唯物主义方法观察现实，只是在几条原理中兜圈子，从概念到概念，应该说是空头的历史唯物主义研究者。

三、关于历史的价值评价

历史的价值评价包括很广泛，但核心是历史人物和历史事件的道德评价。在社会生活或历史的写作中不可能排除道德的评价，不可能像气象预报员报告天气一样。因为社会历史是人的活动，你面对这些事不可能没有感情的参与。所谓客观性，只是对事的要求，而评价往往具有倾向性。事实的绝对客观性很难，但必须提出事实的客观性要求，否则就没有历史科学。但价值评价的中立性是不可能的。在处理两者关系时，价值评价的对错是非应该用是否以事实为依据作为判断。凡是与事实不符的所谓评价，往往是主观的偏见。如果历史不具客观性，那历史书写的根据是什么呢？历史评价必须以事实为依据。

历史人物的道德评价，不能拘于小节而无视大节，或者说苛求私德而忘却公德。卡尔在他那本名噪一时的《历史是什么?》中反对把道德评价引入历史研究。他说："毋庸置疑，当今已不要求历史学家对其笔下人物进行道德的审判。历史学家的立场与道德家的立场不必一致。亨利八世或许是一位坏丈夫，却是一位好国王。"① 这当然可能，正如希特勒是杀人魔

①　［英］卡尔：《历史是什么?》，陈恒译，北京：商务印书馆 2007 年版，第171 页。

王，可与爱娃情深爱笃，难道希特勒能称为道德高尚吗？卡尔也知道完全排除道德评价在历史研究中的地位是不合适的，因此他加上一个条件："只有当前一种品质对历史事件产生影响时，历史学家才会对他的这一性格发生兴趣。假如他的道德过失像亨利二世一样对公共事务并没有产生多大的明显影响，历史学家则不需要关注这个问题。不仅恶行如此，而且美德也是如此。巴斯德和爱因斯坦在私生活方面是人们的榜样，甚至是完美的榜样。但是，假设他们是不忠的丈夫、狠心的父亲、寡廉鲜耻的同事，那么会削弱他们的历史成就吗？"这个说法有道理。历史学家不应关心与历史事件无关的私德，可当他们的残忍、暴虐与反历史的罪行结合在一起时，道德评价则是正当的，是清算罪行的一部分。二战后的东京宣判，既有战争罪行的事实依据，也有对战争罪犯反人类罪的道德谴责。

牟宗三先生在《历史哲学》中说："历史判断既非道德判断，亦非科学方法之下的知识判断。道德判断足以抹杀历史，知识判断则是把事理之事物理化使之成为非历史（此若用之于处理文献材料是恰当的）。但光道德判断固足以抹杀历史，然就历史而言，无道德判断亦不行（道德在此不能是中立的）。盖若无道德判断，便无是非。所以在此，吾人只就道德判断与历史判断两者之对比而融合之而皆予以承认。"[1] 对历

---

① 牟宗三：《历史哲学》，长春：吉林出版集团有限责任公司2010年版，第266—267页。

史作出过杰出贡献的人物，也会涉及道德评价问题。这种评价是重公德而不能拘小节。道德瑕疵不能掩盖他们的历史贡献。人无完人，金无足赤。对历史杰出人物道德的过分苛求，把历史变为道德教科书不是研究历史的正确方法。

中国古代历史观和历史书往往把道德评价摆在首位："别嫌疑，明是非，定犹豫，善善恶恶，贤贤贱不肖。"① 朱熹认为读历史书也应该如此："读史当观其大伦理、大机会、大治乱得失。"② 王朝兴亡盛衰得失当然不能系于统治者一人之道德水平，但王朝兴替盛衰转变中的大机会、大治乱得失，在历史研究中确实具有重要价值，而统治者的个人道德因素在其中的作用也值得总结。这个意见无疑具有相当的历史观察敏锐性。儒家学说突出历史事件和历史人物的道德评价，其重要意义是突出历史研究的人文价值，重视历史研究中事件和人物评价的道德评价，可以避免历史事实单纯实证主义研究的不足。

对伟大人物的理解不能单纯聚焦于他个人，而必须是他的时代需要和文化背景，这样我们才能理解他何以产生、为什么会产生。就伟大人物个人研究个人，不可能真正理解个人，因此必须提出个人与时代的关系。既然是历史人物，对他们的评价当然不能离开历史。伟大历史人物就是历史的一部分。对历

---

① （汉）司马迁：《太史公自序》，见《史记·卷130》，北京：中华书局1982年版，第3297页。

② 朱熹：《朱子语类·卷十一》，北京：中华书局1986年版，第196页。

史人物的评价也就是对这一时期历史的评价。邓小平在讲到对毛泽东的评价时说："对毛泽东同志晚年错误的批评不能过分，不能出格，因为否定这样一个伟大的历史人物，意味着否定我们国家的一段重要历史。"① 习近平总书记同样指出："对历史人物的评价，应该放在其所处时代和社会的历史条件下去分析，不能离开对历史条件、历史过程的全面认识和对历史规律的科学把握，不能忽略历史必然性和历史偶然性的关系。不能把历史顺境中的成功简单归功于个人，也不能把历史逆境中的挫折简单归咎于个人。不能用今天的时代条件、发展水平、认识水平去衡量和要求前人，不能苛求前人干出只有后人才能干出的业绩来。"②

谈到对历史人物的评价问题，我最近读到一篇并非中国大陆作者写的关于对毛泽东的评价文章，标题很有意思：《假如中国没有毛泽东》。这里运用"假如"，不是对历史的一种假定，而是一种历史论证方法，其意是毛泽东在中国当代现实存在的地位，用毛泽东与中国共产党历史、革命史、社会主义建设史已经结为一体的伟大作用反过来证明，中国不能没有毛泽东。作者的某些具体看法和论述并不全面准确，例如"文革"及某些"左"的错误不是取得成绩必须付出的代价，而是必

---

① 《邓小平文选》第三卷，北京：人民出版社1993年版，第284页。
② 习近平：《在纪念毛泽东同志诞辰120周年座谈会上的讲话》，北京：人民出版社2013年版，第11页。

须总结的教训，不能再犯。但是作者的主导思想是正确的，毛泽东在中国的历史地位是不能否定的。如果没有毛泽东当然是一个"假定"，这个假定的实质并不是真正没有毛泽东，而是反证中国当代历史现实包含毛泽东领导的不朽功勋。毛泽东不是一个人，它是中国共产党第一代领导核心。我们可以说，如果没有毛泽东，中国只要有革命要求，迟早会有人出来领导，最终会取得革命战争的胜利，但会长时间在黑暗中摸索，会有更大的牺牲、更多的曲折。这就是中国人民敬仰和怀念毛泽东的原因。

毛泽东当年写过一首《七律·读〈封建论〉呈郭老》，实际上是坚持一种历史唯物主义对历史人物评价的历史观。"劝君少骂秦始皇，焚坑事业要商量。祖龙魂死秦犹在，孔学名高实秕糠。百代都行秦政法，十批不是好文章。熟读唐人封建论，莫从子厚返文王。"[1] 当时正当批儒评法，毛泽东关于孔学的评价、关于十批判书的评价具有鲜明的时代烙印，不为定评，是否正确可以有不同看法。我感兴趣的是毛泽东对秦始皇评价所表现的一种历史观。对伟大人物的肯定评价，应该是把他对民族、对后世的开创性的无可替代的功绩放在首位，还是把道德的评价放在首位，通过道德的审判而对杰出历史人物采取否定态度？这是历史观问题。

---

① 《毛泽东年谱（一九四九——一九七六）》第六卷，北京：中央文献出版社2013年版，第490页。

毛泽东对秦始皇的评价，不是放在历代有些学者扭住不放的焚书坑儒上，而是放在他统一六国、书同文、车同轨、实行郡县制上。这对中国的统一，对中国行政制度，对中华民族的发展都具有不可磨灭的历史贡献。没有大一统观念和中央集权制度，不可能确立中国人至今拥有的中华民族共同情感和共同的中华文化认同。如果这样，世界上这个人口最多，拥有56个民族，各有自己语言和民族文化的巩固统一难矣哉！秦始皇对中华民族这个功绩岂是焚书（儒家经典）坑儒（据说有四五百人之多）的过错所能掩盖和抹杀的。单纯从儒家仁义道德角度看，可以说他是暴君；可从历史进步角度看，他的行为代表的是中国统一和制度改革的历史前进方向。

钱穆先生在《国史大纲》（北京：中国出版集团、商务印书馆2011年版）中对秦始皇有过公正评价。他说："秦并六国，中国史第一次走上全国大统一的路。""秦政府对统一事业，亦大有努力，举其要者，如废封建行郡县。""巡行郡邑，筑驰道。统整各地制度风俗。开拓边境，防御外寇。此皆为完成大一统的新局面所应有之努力。大体言之，秦代政治的后面，实有一个高远的理想。秦政不失为顺着时代的要求与趋势而为的一种进步的政治。"钱先生虽对儒家文化的倡导最力，但并没有步历代儒者一笔抹杀秦始皇的仁义道德论的历史观。

李斯实为秦国开国功臣，为二世所杀，李斯死后不久秦国灭亡。后世在读《史记·李斯传》时，只会感到他是个惯于权术的阴谋家。可是在梁启超先生看来，"李斯的功业很大，创定秦代的开国规模；间接又是后代的矩范"，"汉代制度，十之八九，从秦代学来"。梁先生说："李斯是一个大学者，又是头一个统一时代的宰相，凭他的学问和事功，都算得上历史上的伟大人物，很值得表彰一下。"①

道德判断是由判断主体的道德观念决定的。单纯道德评价的最大局限，是它以道德规范为尺度评价历史人物的行为，而不顾及这种行为长远的历史影响和作用。几乎没有一个开创时代的人物，没有道德瑕疵，能经得起纯道德的审判。开创汉王朝的刘邦是个流氓式的人物，而唐太宗李世民的贞观之治，交口赞誉，是历史上的英明之主，可他逼父杀兄，通过"玄武门"之变而登上皇位，并不符合儒家孝悌的道德。明太祖朱元璋第四子燕王朱棣，以藩王的身份，叔父的辈分，夺取侄子建文帝的帝位，符合儒家道德标准吗？可明成祖修《永乐大典》、郑和七下西洋、五出漠北，算得上是明朝不辱太祖的有为之君。尽管朱棣得位诛杀齐泰、黄子澄、方孝孺，灭其族，其中因方孝孺而被牵连而死和充军者无数。至于诛杀旧臣被杀自杀者甚多。建文旧臣，尤其是方孝孺的道德气节为人赞赏，明成祖对忠于正统的明旧臣的处置，显出残忍，但并不影响对他历史地位的总体评价。

---

① 梁启超：《中国历史研究法》，北京：东方出版社1996年版，第170页。

相反，无论纳粹分子，如何从道德上美化希特勒，都无法改变希特勒的罪恶和他对人类犯下的罪行。正如不管一些人如何在道义上评价斯大林，都无法改变斯大林在苏联社会主义巩固和发展、苏联卫国战争胜利、苏联摆脱贫困落后崛起为超级大国的历史作用。俄国有些历史学家说，苏联反法西斯的胜利是人民的胜利，与斯大林无关，而苏联解体和社会主义制度的灭亡，则是由斯大林的社会主义模式造成的，与后斯大林时代历届领导，尤其与戈尔巴乔夫、叶利钦无关。这当然是以个人道德上的好恶代替历史事实。我们有些学者在对毛泽东的评价中，同样存在这个问题。甚至以极其肮脏的语言不断泼脏水。这已经不是道德评价，而是卑劣的政治手段。革命领袖是人不是神。尽管他们拥有很高的理论水平、丰富的斗争经验、卓越的领导才能，但这并不意味着他们的认识和行动可以不受时代条件限制。不能因为他们伟大就把他们像神那样顶礼膜拜，不容许提出并纠正他们的失误和错误；也不能因为他们有失误和错误就全盘否定，抹杀他们的历史功绩，陷入历史虚无主义的泥潭。

历史人物无须道德评价，胜利者不受道德约束的观点是不正确的。但道德评价必须是第二位的，它不能置历史人物的历史功绩于不顾，将之作为唯一的评价标准。我们不能把道德的批判变为道德的审判，把历史研究变为道德的法庭。尤其不能以错误的道德作为评价标准。如果以儒家的孝悌爱民为标准，我可以说，在中国历史上没多少皇帝在道德上是合格的。秦皇汉武、唐宗宋祖，一代天骄成吉思汗，终究是历史的英雄人物，哪一个符合儒家的道德标准？他们的英名在事业的辉煌，而不在所谓的道德高尚。晚唐诗人皮日休写有《汴河怀古》："尽道隋亡为此河，至今千里赖通波。若无水殿龙舟事，共禹论功不较多。"① 这是对隋炀帝荒唐生活恶评中的一种较客观的肯定。

况且道德的评价，是对历史人物的行为的评价。它必须是具体的，即符合社会公认的道德原则的评价，而不能以抽象的公平、正义、善良、人性，诸如此类存在歧义的概念作为标准的评价。恩格斯在《再论蒲鲁东和住宅问题》中曾说过："希腊人和罗马人的公平认为奴隶制度是公平的；1789 年资产者的公平要求废除封建制度，因为据说它不公平。在普鲁士的容克看来，甚至可怜的专区法也是对永恒公平的破坏。所以，关于永恒公平的观念不仅因时因地而变，甚至也因人而异……'一个人有一个人的理解'。"②

儒学中有许多重要的历史人物评价思想，值得我们吸收借鉴。但是我们应该防止完全以道德作为评价历史人物的唯一标准，以道德论是非。不仅历史人物难以如此评价，即使对文学

---

① （唐）皮日休：《汴河怀古》，见《唐诗百家全集》，海口：海南出版社 1992 年版，第 149 页。

② 《马克思恩格斯文集》第 3 卷，北京：人民出版社 2009 年版，第 323 页。

诗歌也难以评价。我们可以朱熹评杜甫《乾元中寓居同谷县作歌七首》诗为例。朱熹说："杜陵此歌七章，豪宕奇崛，诗流少及之者。顾其卒章，叹老嗟卑，则志亦陋矣。人可以不闻道哉！"①按孔颜乐处的标准，谋道不谋食的标准，杜甫叹老嗟卑的意境当然不高。可儒家的道德标准不能是评人的唯一标准，更不能是评价诗歌的标准。有人反驳朱熹的评论是道学家的过苛之论，因其未遭杜甫当时的境遇而已。李清照为宋代首屈一指的女词人，本为赵明诚的夫人，后赵死，因《云麓漫钞》说清照改嫁张汝舟，与张交恶，对簿公庭。宋人笔记中不少记载此事，因而影响对李清照的评价。虽然不得不赞其词，但不耻其人。这种道德评价是儒家式的，以所谓个人道德取代文学成就。道德化的批判在中国小说中更是常见，包括名著如《三国演义》这样的传世小说。《三国演义》中对曹操的评价突出的是奸和诈，而对刘关张突出的是仁和义，诸如"挂印封金""华容道"。曹操统一北方的事功和文学上杰出成就的历史功绩都被一笔勾销。

历史价值评价包括道德评价，但不能归于道德评价。例如资本主义社会代替封建社会，工业生产方式取代农业生产方式，工业化城市化市场化的进程，会伴随传统道德与价值观念的变化、人际关系的变化，其中主导方面是社会进步，同时也

---

① 林继中注评：《杜诗选评》，西安：三秦出版社 2004 年版，第 127 页。

是社会某些方面的后退。人类不能因此阻止历史的脚步，重新回到封建社会回到温情脉脉的所谓"人情社会"。历史进步是会要付出代价，但代价论不能变成辩护论，这就要在保持社会进步方向的同时，克服历史进步的消极面。

历史价值评价着眼点，就是历史的大方向和历史的进步。从事伟大变革的历史人物，如果他的行为推进社会进步，就是肯定性评价；如果站在历史潮流的反面阻碍历史进步，就是否定性评价。在这个社会历史进步方向问题上，历史评价的尺度就是历史发展自身的大方向，而不能以道德评价取代历史评价。

马克思写过一篇名为《道德化的批判和批判化的道德》的评论文章，其中就讲到关于历史的道德批判问题。他批评一些所谓道德批判，往往是把激昂之情同庸俗之气滑稽地结合在一起，自称只关心问题的本质，但又经常忽视问题的本质，庸夫俗子以自己的道德高尚而自鸣得意。马克思强调历史的进步，从旧道德观念看来往往是不道德的。例如各国人民的宗教幻想把无罪的时代、黄金时代列在史前时期，从而辱骂了整个历史。又如在轰轰烈烈的革命战争时代，在强烈的、激情的否定和背弃的时代，例如 18 世纪，出现了善良的大丈夫，出现了以停滞状态的田园生活来同历史的颓废相对抗的有素养、作风正派的盖斯纳之类的色鬼。在马克思看来，历史的进步有时会表现为对传统的亵渎，被保守者视为不道德，是对道德的背弃。① 可见，在道德评价历史人物和历史事件时必须认真考虑运用的道德标准。如果以遗老遗少的心态评价社会变革，当然不可能有公正的评价。

四、历史唯心主义为何难以驱逐

历史唯物主义的创立是马克思历史观的变革，这是恩格斯提出来的。他在《卡尔·马克思》这篇文章中说，马克思"在整个世界史观上实现了变革"②。而变革的核心，其中就包括重新思考历史事实与人物评价的关系，寻找到它们两者统一的基础，即"一切历史变动的最终原因"的发现。马克思根本扭转了以往一切历史唯心主义从思想中、从政治变动中寻找历史变动最终原因的观点，从而形成了两种根本不同的历史观。唯物主义历史观的变革是历史观的根本变革，但不是对历史上哲学家和历史学家在历史观领域取得成就的否定。实际上，在马克思主义历史观根本变革之前，在人类思想史上关于社会历史提出过不少有启发性的重要思想。我们探讨的是唯心主义历史观为什么不会一直占领历史领域，而不是否定以往历史观中的合理思想。至于有些学者把这些合理思想称为广义的

① 参见《马克思恩格斯选集》第 1 卷，北京：人民出版社 2012 年版，第 162—194 页。

② 《马克思恩格斯选集》第 3 卷，北京：人民出版社 2012 年版，第 722 页。

历史唯物主义，把马克思的历史唯物主义称为狭义的历史唯物主义，这可能不妥。因为历史唯物主义是用以指称马克思创立的历史观的专门称谓，那些包含某些合理因素的历史观只能视为历史唯物主义产生的前史。

毛泽东说过，"唯心主义万岁"。因为只有唯物主义而无唯心主义是不可想象的。只要人是主体，人以思想去把握存在，唯心主义就会以各种理由存在。即使一种体系过时，又会产生另一个花样翻新的体系。但相比之下，在历史领域中的唯心主义比自然领域的唯心主义更顽强持久。为什么？这个问题情况很复杂，既有阶级利益问题，也有学术难点问题。

从政治角度说，因为历史唯物主义具有极强的阶级性，它可以说是全部马克思主义科学体系的历史观的理论支柱。历史唯物主义不仅对于理论，而且对于实践都是最革命的。只要把它应用于现代，一切时代最伟大的革命远景立即会展现在我们的面前。马克思对资本主义的分析，被喻为工人阶级圣经的《资本论》巨著，以及社会主义从空想到科学的转折，都与历史唯物主义密不可分。

恩格斯曾从政治角度评价历史唯物主义的发现为什么会遭到如此激烈的反对。他说："关于一切历史的东西的全部传统的和习惯的观点都被这个原理否定了。政治论证的全部传统方式崩溃了；爱国的义勇精神愤慨地起来反对这种无礼的观点。因此，新的世界观不仅必然遭到资产阶级代表人物的反对，而且也必然遭到一群想靠自由、平等、博爱的符咒来翻转世界的法国社会主义者的反对。"①

统治者及其理论家必然仇视关于社会历史发展规律的理论，千方百计歪曲马克思主义辩证历史决定论的科学内涵。因为承认客观规律、承认生产方式在历史发展中的最终决定作用，等于承认自己的统治的暂时性和历史变革的必然性，统治阶级及其理论家当然不能接受。反之，历史唯物主义被推倒，整个马克思主义的体系必然会随之倒塌，无产阶级和人类解放的理论，也将随之付诸东流。可见，马克思主义基础中最重要的环节，也可以说贯穿整个体系的基本规律，是唯物主义历史观，整个体系在原则上是同它共存亡的。这一理论受到限制时，其余的环节彼此相对的地位也相应要随之受到影响。因此对于马克思主义的正确性的任何探讨，都必须以这一理论是否有效和怎样有效这一问题为出发点。

除了政治层面上的问题外，还有学术问题。虽然它与政治层面的问题往往纠缠不清，但把一切对历史唯物主义的质难都归为政治问题甚为不妥。学术问题，必须通过学术讨论来解决。如果历史唯物主义对种种理论质难，不能作出合乎科学、合乎事实、合乎时代的回答，怀疑和批评历史唯物主义的声音仍会不绝于耳。

---

① 《马克思恩格斯选集》第2卷，北京：人民出版社2012年版，第9页。

　　马克思从劳动中找到了破解历史之谜的钥匙，并得出了社会存在决定社会意识的结论。这是对历史唯心主义的致命一击，可并没有把历史唯心主义击倒。人类社会历史领域中难点问题特多，包括社会历史的本质、历史规律的客观性、历史发展动力、历史必然性和因果性、人在历史上的作用。几乎每个问题都存在难点，都存在争论。马克思和恩格斯终其一生都在从事推翻资本主义的革命实践，从事从宏观上创建马克思主义理论。他们在历史观上最大的功绩是把被历史唯心主义颠倒了的根本问题颠倒过来，揭示了社会发展最基本规律，并提出一系列具有潜在发展力的创造性思想，但他们不可能对全部历史唯物主义问题都进行详细论证。我们可以在他们的文本中发现许多尚未展开的思想。特别是由于它的论战性和奠基性，因而概念的使用并非始终如一。论述的侧重点也由于论战对象不同而有所不同。许多理论空隙处，往往会为不同的解读，为争论留下很大的空间。

　　社会历史领域是人的领域，可以说转弯抹角最后都能通过人归结为人的思想意识的决定作用，从而存在一条通向历史唯心主义的通道。就以社会存在和社会意识问题为例，就可以看到，如果不能正确理解社会存在和社会意识的关系，就难以摆脱历史唯心主义。

　　一种最流行的指责是，社会存在与社会意识的划分是传统主客二分在历史观中的翻版，不能成立，社会中不存在这种区分。社会意识同样是社会存在，而社会存在中全部贯穿着社会意识。能设想作为社会存在基础的物质资料生产方式中没有人的意识参与吗？能设想一切社会存在物不是人的意识参与创造的吗？反过来能说社会意识不是社会存在吗？社会存在与社会意识关系是同一的，根本不存在第一性与第二性关系，不存在决定与被决定关系。而是一而二、二而一。当年俄国的波格丹诺夫就说过，人们在生存斗争中，只有借助意识才能结合起来，没有意识就没有交往，因此形形色色的社会生活都是意识——心理的生活。社会性和意识性是不可分离的。社会存在和社会意识，按这两个词的确切的含义来说是同一的。至今我们还会在国内外杂志上看到不少这种理论，或改头换面的这种理论。

为什么这种说法振振有词，为什么坚持这种观点的人能俘获不少人甚至一些所谓创造性的"马克思主义"理论家的赞同呢？原因就在于社会中的一切存在物的确是有意识的人创造的，是有人的意识参与的，企图在社会各个领域中排除人与人的意识根本不可能。社会存在和社会意识作为历史唯物主义的哲学范畴，并不是主张社会存在是没有人的意识参与的纯客观存在，也不否认社会意识是社会现象的一种存在方式。社会意识从来都是社会中的存在，而不是社会之外的存在。非社会的社会意识是悖论。

马克思和恩格斯关于社会存在与社会意识关系的伟大发

现，不是对社会各种存在形式的分割，而是解决社会结构中的深层次问题，即社会发展的源泉应该从哪里去寻找，是从人们的意识中寻找还是从人们生活于其中的社会存在中寻找？社会意识从哪里来？是人们头脑中固有的、主观自生的，还是由人们的社会存在决定的？我们为什么会在不同社会看到不同的社会意识形式，是由于不同时代的人们具有不同的大脑结构吗？或者社会意识是无解的，本来如此，根本用不着追寻它的来源？如果这样，全部社会科学还有什么必要研究，如何研究？不弄清社会意识的来源，不弄清社会存在与社会意识的关系，津津乐道的是两者统一、无分轩轾，这是在统一的掩护下为历史唯心主义放水。

人的大脑结构改变极其缓慢，不同的社会意识只能求之于不同时代的社会存在，即主要是作为社会存在和发展根本内容的生产方式。社会意识是被意识到的社会存在。尽管社会存在是人创造的，是由有意识的人的活动参与的，但参与这种活动的人并不理解他们会形成什么样的社会存在。社会存在不依赖社会意识，相反它是社会意识形成的根源。只有这种观点才提供我们正确理解社会变迁和社会意识变化的依据。任何一个探索社会意识形态演变理论的研究者，探索不同社会的风俗、习惯、道德以及其他种种与社会意识相关形态的研究者，如果停留在社会中的一切都是有意识的人参与的、社会存在与社会意识不可分，就不可能走出低层次的经验思维水平，对社会的观察就会如同雾里看花，永远走不出唯心主义制造的"绝对同一"论的理论困境。

还有经常受到曲解的是关于实践的观点。实践对人类生存的重要性是不言而喻的。马克思主义哲学高度重视实践在辩证唯物主义本体论、认识论和历史观中的重要作用。没有实践观点就没有马克思主义哲学的变革。唯其如此，科学把握实践的本质，关乎正确理解马克思主义哲学，尤其是历史唯物主义的关键。

人的实践活动包括三个构成要素：一个是对象，没有对象不可能实践，我们把对象称之为客体；另一个是主体，即有意识有目的进行实践的人，我们称之为主体；再一个是中介，即人用来进行改造对象的工具。没有工具，主客体之间不可能发生关系。这样，人类实践活动包括两类因素：物质性因素和意识性因素。包括对象、工具以及作为主体人的自然存在都属于物质因素。人不是自我意识，而是"现实的、有形体的、站在稳固的地球上呼吸着一切自然力的"[①] 存在物。意识性因素包括实践的意识性、计划性、目的性。如果扩大点，还包括实践中人的理性、激情、欲望等等。实践的意识性因素必须有载体，它的载体就是人。

马克思说过社会生活在本质上是实践的。凡是把理论导致神秘主义方面去的神秘东西，都能在人的实践中以及对这个实

---

① 《马克思恩格斯全集》第42卷，北京：人民出版社1979年版，第167页。

践的理解中得到合理的解决，这说明实践观点在历史唯物主义中的举足轻重的地位。实践的三重结构，以及作为肉体和精神统一存在的人，处处都存在历史观的理论陷阱，只要抽象地片面地夸大其中任何一个因素，都可以为历史唯心主义找到藏身之地。

有的学者片面强调实践活动的物质性，把实践纯物质化、客观化，以便排除人和人的思想、意志和目的来"保卫"历史唯物主义，这只能是帮倒忙。排除人和人的思想的"实践"，无自觉意识的所谓实践，已经不是人的实践而是动物的本能活动，人又成为动物。这种生物学唯物主义远远低于历史唯物主义的水平。

人的主体性、意志、理性、目的是历史观中难以解开的死结。当把实践中的精神客观化，变成无人身的精神，就会导向理性支配世界的客观唯心主义，黑格尔的理性支配世界的历史观就是这样；当把实践中人的意识性因素变为决定性因素，就会导向意识决定存在，导向一切历史的本质就是思想，历史学就是对思想的思想，一切历史就是观念史的历史观；片面强调实践中的非理性，就会导向历史观的非理性主义；片面强调理性，就会导向抽象理性主义的历史观；把人性抽象化，片面强调人性决定历史，就会走向抽象人本主义的历史观。

列宁在《谈谈辩证法问题》中关于唯心主义认识论根源的一段话："人的认识不是直线（也就是说，不是沿着直线进

95

行的），而是无限地近似于一串圆圈、近似于螺旋的曲线。这一曲线的任何一个片断、碎片、小段都能被变成（被片面地变成）独立的完整的直线，而这条直线能把人们（如果只见树木不见森林的话）引到泥坑里去……直线性和片面性，死板和僵化，主观主义和主观盲目性就是唯心主义的认识论根源。"① 我看可以用在说明由于割裂人的自然性和社会性、主动性和被动性，割裂实践中主体、客体、中介的统一，把其中某一因素片面夸大，就会发展成各具特色的历史唯心主义观点上。马克思似乎早已经估计到这种可能性。他在作为历史唯物主义起源的《关于费尔巴哈的提纲》第一条中，既批判旧的唯物主义，又批评那种从抽象方面夸大人的主体性方面的唯心主义。马克思堵死了通过实践中任何一个因素导向唯心主义的各种通道。

历史唯心主义何以难以驱逐，除了政治因素、理论因素外，还要想到现实因素。这就是时代在发展，它不断地提出新的问题。如果当代马克思主义者不能运用历史唯物主义分析和回答人类面对的迫切问题，就会把解释问题的理论主导权拱手让出去，大大损害历史唯物主义的威信，而且让各种反对历史唯物主义的观点有"用武之地"。

如何看待社会领域比自然领域更关乎人们的利益，而且社

---

① 《列宁全集》第55卷，北京：人民出版社2017年版，第311页。

会问题缺少直观性、实证性和可实验性。从自然唯物主义到历史唯物主义的道路，布满理论陷阱，用了几千年才发现历史唯物主义，真是漫长的哲学之路。可以肯定，历史唯物主义的创立，不可能把社会历史领域中的唯心主义全部驱逐出去。正如自然领域一样，社会历史领域两种历史观之间的矛盾、争论和诘难，将会是长期的。这并不是坏事。真理像火石，只有在敲打中才能发出火光。

　　把历史唯心主义从历史领域中驱逐出去，是历史唯物主义发现的伟大意义。而非历史领域，包括历史哲学和历史的实证研究中想要由历史唯物主义一统天下，这不可能。马克思主义历史唯物主义者的任务，是在如何推进和深化对历史唯物主义的理论和历史的实际研究，坚持科学历史观，批评错误的历史观和历史的伪造；在实践中，也在重大理论问题的争论中不断深化恩格斯提出的历史唯物主义是历史观中的伟大变革的论断。

第五章 历史唯物主义与当代中国

坚持以历史唯物主义观察当代中国，必须有个现实的立足点，这就是中国共产党领导下正在进行的中国特色社会主义伟大实践。只有立足火热社会实践，我们才能在理论上站稳脚跟，才能深刻把握历史规律和中华优秀传统文化的精髓，才能满怀信心地面向未来。

一、重视历史，掌握中国历史发展规律

重视历史是马克思主义历史观的本

质要求。习近平总书记在中国文联十大、中国作协九大开幕式上的重要讲话中指出："坚定文化自信，离不开对中华民族历史的认知和运用。历史是一面镜子，从历史中，我们能够更好看清世界、参透生活、认识自己；历史也是一位智者，同历史对话，我们能够更好认识过去、把握当下、面向未来。"①

　　当代中国与历史中国有着内在连续性。要把握中国社会发展方向，必须重视中国历史。历史规律存在于历史过程之中，而不是存在于历史过程之外。为什么中国历经 5000 多年发展没有中断，王朝虽然更替但仍然沿着既有的历史轨道发展呢？因为中国自秦朝确立起中央集权的郡县制以后，"书同文，车同轨，量同衡，行同伦"，中央始终处于全国政治治理的中枢地位。反观，汉高祖刘邦分封同姓王和异姓王，为吴楚七国之乱埋下祸根。历史经验证明，中央集权的郡县制符合疆域辽阔、人口数量庞大、少数民族众多的中国实际。州郡县的设置名称和管辖地区可以变，但中央集权的郡县制度治理模式不能变。这是中国历史没有因王朝更替发生长久分裂的重要制度保证。

　　历史智慧也存在于历史之中。中国历代王朝成败兴亡，一治一乱的经验和教训表明，治国之道在于制和治，治在制，乱亦在制；治在良治，乱在恶治。乱之后出现治，因为乱，人心

---

① 《习近平谈治国理政》第二卷，北京：外文出版社 2017 年版，第 351 页。

思变，求稳求治，治，符合人心民意；久安之后出现乱，因为人亡政息，懒政惰政，失人心忤民意，这同样包含教训，不能安而忘危。历史唯物主义者重视历史规律包括重视历史治乱的经验教训。毛泽东同志提过，善于总结经验，是我们党自信的表现，"对历史经验进行了总结，对当前的形势和前途都有明确的认识，因此我们有巩固的信心"。① 习近平总书记也从中国特色社会主义实践出发，强调历史是一面镜子，鉴古知今，学史明智。重视历史、研究历史、借鉴历史是中华民族5000多年文明史延续下来的一个优良传统。当代中国是历史中国的延续和发展。新时代坚持和发展中国特色社会主义，更加需要系统研究中国历史和文化，更加需要深刻把握人类发展的历史规律，在对历史的深入思考中汲取智慧、走向未来。

二、继承中华优秀传统文化，坚定道路自信

中华文化博大精深。历代文化名人之多，如思想之高峰；文化经典之多，如智慧之大海。中华民族5000多年文明史所积淀的深厚历史文化传统，滋养造福了无穷后代，为整个人类文明也作出了重大贡献。当然，由于封建社会后期统治者闭关锁国、夜郎自大，中国屡次错失富民强国的历史机遇。鸦片战

---

① 《毛泽东文集》第三卷，北京：人民出版社1996年版，第435页。

争之后，中国更是一次次被经济总量、人口规模、领土幅员远远不如自己的国家打败。近代史上，我国落后挨打的重要原因之一就是科学技术落后。实际上，西方工业革命以后，我国的科学技术水平同西方资本主义国家的差距逐渐加大，社会科学亦是如此。政治经济学、法学、社会学、人类学、政治学等学科多是从西方逐步引进。

中华人民共和国成立以后，我国科学技术的发展不断取得新成绩，哲学社会科学也以马克思主义为指导，不断朝着彰显中国特色、中国风格、中国气派的方向前进。这充分证明与中华民族5000多年的文化积累相比，近代的落后只是暂时的曲折，这不能成为民族文化自卑的理由。只要推翻旧的社会制度，建立中国共产党领导的社会主义制度，科学技术落后的状况完全能快速改变。当然，我们仍然要向西方学习先进的科学技术。文化交流，文明互鉴，是人类进步的规律。

我们要重视中国传统文化，尤其是优秀的传统文化。传统文化同历史不可分，是一种历史性存在。孔孟老庄、魏晋玄学、程朱陆王，明清之际的著名思想家的思想光芒，构成了一部中国思想史或文化史。而要使传统文化发挥作用，必须使它成为具有连续性的文化传统，使它的精髓一直能传到当代，在现实中起作用。传统文化影响作用大小取决于它在多大程度上变成一个民族的文化传统。传统文化是历史的，而文化传统则是现实的，它不只是论文或专著，更是真正融入我们民族的血

Die heilige Familie,

oder

Kritik

der

kritischen Kritik.

Gegen Bruno Bauer & Consorten.

Von

Friedrich Engels und Karl Marx.

Frankfurt a. M.
Literarische Anstalt.
(J. Rütten.)
1 8 4 5.

马克思和恩格斯合著的《神圣家族》第一版的扉页

脉之中，成为我们生活方式、思维方式和价值观的重要构成因素。文化传统使一个国家的传统文化和当代文化串联在一起，真正成为一种血脉关系，成为一种源流关系。如果传统文化不能成为文化传统，那就是文化发展的中断，血脉阻塞，得了文化血栓症。坚持以马克思主义为指导的中国共产党之所以如此重视中华优秀传统文化的创造性转化和创新性发展，是因为它是当代文化的孵化器，有利于社会主义先进文化的弘扬。"求木之长者，必固其根本；欲流之远者，必浚其泉源"。传承和弘扬中华优秀传统文化是一项固本培元的文化工程。

对当代人而言，优秀的文化传统是其思想成长的肥土沃壤。文化土壤非常重要，《歌德谈话录》中记载了歌德关于文化土壤重要性的深刻论述。他说，"如果一个有才能的人想迅速地幸运地发展起来，就需要有一种很昌盛的精神文明和健康的教养在他那个民族里得到普及"，"我们都惊赞古希腊的悲剧，不过用正确的观点来看，我们更应该惊赞的是使它可能产生的那个时代和那个民族，而不是一些个别的作家"。

三、中国特色社会主义制度建设中的文化与文明

党的十九届四中全会审议通过的《中共中央关于坚持和完善中国特色社会主义制度、推进国家治理体系和治理能力现代化若干重大问题的决定》（以下简称《决定》），是新时代指

导中国特色社会主义建设的纲领性文献。《决定》的一个显著特点，是坚持以马克思主义为指导，立足社会主义的本质要求，力求使制度优势转化为制度文明即实际的制度建设和实际的治理效能。《决定》中总结的中国特色社会主义制度的 13 个显著优势，如坚持党的集中统一领导，坚持人民当家作主，坚持全面依法治国，坚持共同的理想信念、价值理念、道德观念，弘扬中华优秀传统文化、革命文化、社会主义先进文化等一系列制度，都无不包含马克思主义的制度文化，实际上是一种不断完善的制度文明。

文化和文明含义存在交叉，但可以区别。文化属于上层建筑，是观念，是思想。文化是文明的灵魂，而文明则是一种社会的实践形态，它不限于上层建筑，而是表现整个社会发展的水平。当制度的构建作为一种观念和理想时则属于文化；当制度文化对象化为现实的制度，即属于制度文明。文明不是单纯的观念而是现实社会状态，是衡量一个社会全方位发展程度的尺度。社会的发展不仅表现为文化的发展，还表现为文明的进步。

中国传统文化中的民本主义是政治文化，但中国封建社会没有真正构建完备的人本主义的制度文明。中国封建社会有丰富的民本主义思想文化，但很少有真正的民本主义制度。孟子说的"民为贵，社稷次之，君为轻"是一种饱含政治智慧的民本主义思想或理念，但封建社会的制度并不是按这个理念设计的。封建社会制度的本质是君贵民轻、官贵民贱的等级制度，不仅政治制度，包括礼仪和服饰甚至衣着颜色都是表示等级的，封建社会全部制度最根本的是维护君权。得人心者得天下，民为邦本、本固邦宁同样是一种深刻的民本主义理念，但它也是思想文化理念，在封建社会并没有形成相应的制度文明。因为封建社会并没有制定一套民为邦本、本固邦宁的制度保障，虽然也有赈灾、救荒、治水等措施，但对总体制度而言并不占重要地位。

笔者以为，中华优秀传统文化的创造性转化和创新性发展应该超越解释学范畴，真正把中华优秀传统文化的精华转化并渗透到我国制度文明建设中。党的十九届四中全会审议通过的《决定》就包含着这种创造性转化和创新性发展。以习近平同志为核心的党中央明确提出坚持以人民为中心的发展思想，就吸收借鉴了传统的民本主义思想精华，并通过包括政治制度和法律制度的建构真正保证坚持以人民为中心的发展思想得到贯彻。如果没有制度保证，以人民为中心就只是一个理念，一种理想，称不上制度文明；如果没有由"天人合一"的文化观念创造性地转化为生态文明建设，没有真正变成环保法和环保制度，就无法达到生态文明。总之，文化是一种观念，优秀文化是"应该如此"的理念；而文明则是制度化的现实，是文化观念的社会化、实践化。无论你到任何一个国家，不可能直接看到文化，文化是内在的思想精神，但你能看到城市的建设布局、建筑风格、交通秩序、人民的道德表现，乡村的风貌、风俗人情和生态环境，这些都构成了文化内化其中的城市文明和农村文明。正因如此，我们不能根据资本主义宣传的"普世价值"来判断资本主义的制度文明，而必须立足于资本主义社会的制度现实。恩格斯曾经对资产阶级启蒙思想家关于资本主义制度的理想和资本主义制度文明的现实进行过对比："同启蒙学者的华美诺言比起来，由'理性的胜利'建立起来的社会制度和政治制度竟是一幅令人极度失望的讽刺画。"

四、立足当代，继承传统

在历史、当代、未来相互衔接的历史之流中，我们的立足点应该放在哪里？当然是立足当代，立足中国特色社会主义伟大实践。重视历史、重视历史经验和历史规律，这是马克思主义历史观。并不是所有哲学家、政治家都是如此。历史的客观性决不能理解为人们会同样看待历史，会同样看待历史经验，会同样吸取历史教训。不同的阶级从历史中看到的东西、吸取的东西并不都是一样的。各自从自己的窗口往外瞧，看到的是不一样的街景。中国共产党人重视历史经验，反复强调以史为鉴，因为共产党人是马克思主义者，是为了中国的社会主义现代化建设需要和中国人民的幸福而研究历史，尊重历史经验。党的十九届四中全会审议通过的《决定》就深入总结了新中国70多年来建设社会主义的实践经验，探索出了求"中国之治"的"长治久安"之策。

历史唯物主义观点和意大利哲学家克罗齐的"一切历史都是当代史"的看法不同之处在于，马克思主义承认历史是既成事实，它是不可改变的。历史就是历史，是那个时代的人的实践活动，并非是当代人的实践活动。但如何看待历史则不同，它永远属于不同时代的人。能改变的不是历史事实，而是

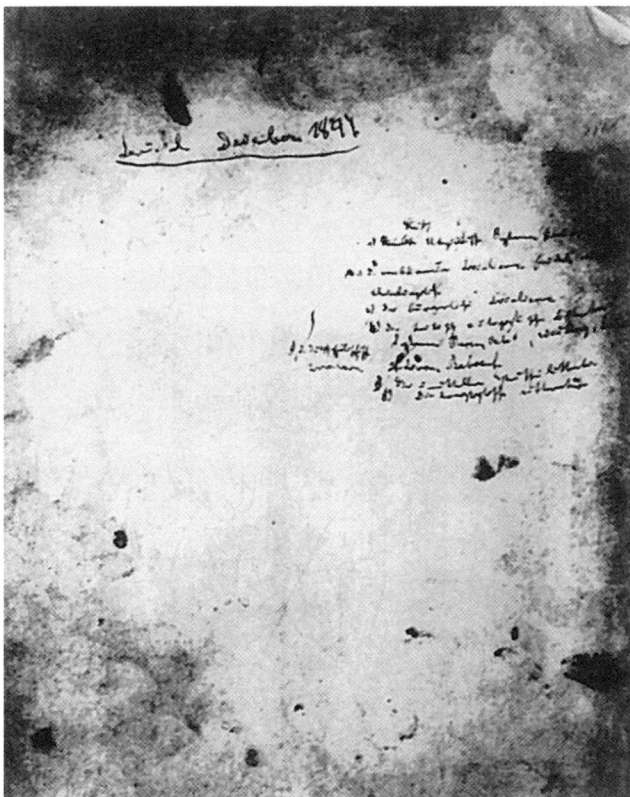

马克思写的《共产党宣言》第三章计划草稿

不同时代的人对历史的评价。也就是说，改变的是历史观，而不是历史事实本身。除非发现新的历史材料可以纠正前人对事实记载的错误。而纠正事实错误，也是在表明历史更接近事实，而不是远离事实。

对传统文化的吸取也是一样。文化土壤再肥沃但结出什么样果实，取决于你播下什么样的种子，由什么样的人来耕耘。并不是在中国传统文化基础上必然会结出中国特色社会主义这样的果实。没有马克思主义在中国的传播并与中华优秀传统文化相结合，没有中国共产党人的奋斗，就不可能结出中国特色社会主义之果。毛泽东同志在1945年发表《两个中国之命运》，来反对蒋介石的《中国之命运》。毛泽东同志说："在中国人民面前摆着两条路，光明的路和黑暗的路。有两种中国之命运，光明的中国之命运和黑暗的中国之命运。""或者是一个独立、自由、民主、统一、富强的中国，就是说，光明的中国，中国人民得到解放的新中国；或者是另一个中国，半殖民地半封建的、分裂的、贫弱的中国，就是说，一个老中国。"①国民党人和中国共产党人当然是同文同种，都是中国人，可以说面对的是同样的历史、同样的文化，可走的路完全不一样，结的果也完全不一样，因为他们对待历史和文化的态度与目的完全不一样。

---

① 《毛泽东选集》第三卷，北京：人民出版社1991年版，第1025、1026页。

　　我们的立足点是当代现实，指导思想是马克思主义。历史事实是客观的，传统文化作为事实具有客观性，可如何对待历史和传统文化则取决于当代人的历史观和价值观。列宁在《我们拒绝什么遗产?》一文中，反驳俄国的自由主义民粹派攻击俄国布尔什维克抛弃俄罗斯的文化遗产，断绝与俄国传统的关系。列宁的基本观点是，认定什么是优秀遗产，如何对待遗产，不同的政党是不同的。但是，历史和文化并不因不同的人采取不同的立场而失去它的客观性。历史的规律是客观的，之所以称为"铁的规律"，是因为违背历史规律必然会受到惩罚；文化也是一样，优秀的传统文化总是能给人们以智慧滋养。凡是抛弃历史和优秀文化的人，最终都会被历史和文化所抛弃。历史上曾经风云一时的人物，与历史潮流背道而行后，无不变成向隅而泣的可怜虫。

　　中国共产党尊重中华优秀传统文化，尊重我们祖先创造的优秀成果。传统文化和现实的关系不是"因为"和"所以"的关系，而是我们现在所做的一切与优秀文化遗产在思想上息息相通、一脉相承、交相辉映。事实上，以人民为中心、人与自然和谐共生等，都是体现社会主义本质，体现中国共产党作为马克思主义政党的本质追求的重要理念，从根本上说都是根源于社会主义生产方式和社会主义制度发展的要求，根源于中国共产党的性质和使命。正因如此，中国共产党能掌握中国历史发展规律，在实践中能对中华优秀传统文化进行创造性转化和创新性发展。不能反过来说，因为我们的文化中有这些思想，我们才实行这些政策。如果不弄清这个问题就会忽视现实基础，认为我们现实中的创新都是古已有之。

历史唯物主义基本原理强调："每一历史时代的经济生产以及必然由此产生的社会结构，是该时代政治和精神的历史的基础。"马克思和恩格斯分析问题的立足点都是立足现实，都是用现实的需要来说明对历史和传统的继承，而不是用历史和文化传统来注解现实。习近平总书记提出构建人类命运共同体的理念，是根据社会主义制度的本质和当今世界多极化、反对霸权主义的政治格局提出的重要理念。这个理念体现的是社会主义制度的本质。社会主义本质就是和平，就是关注人类利益。社会主义的外交政策是由内政决定的，我们的社会性质决定我们必定主张和平，推动构建人类命运共同体。当然，我们传统文化中的天下一家、协和万邦、大同世界，和我们现在的政策在文化思想上是相通的，但不是相同的。相通是思想联系，相同则是翻版。思想相通有助于我们从古人智慧中得到启迪。

中国特色社会主义建设是以问题为导向的。问题从来就存在于现实之中，问题解决的方案也存在于现实之中。一代人有一代人的问题，一代人有一代人的使命。《决定》的出台是立足新时代中国特色社会主义建设实践的现实需要。历史传统和文化传统因素对坚持和完善中国特色社会主义制度、推进国家治理体系和治理能力现代化有重要借鉴作用，但中国特色社会主义制度的坚持和完善，国家治理体系和治理能力现代化的推进，最根本的是基于新中国成立以来，我们坚持以马克思主义为指导，坚持中国共产党的集中统一领导，坚持在社会主义建设实践中确立的社会主义生产方式。历史因素和传统文化因素只有在有了这些基础以后，才能发挥思想相通、一脉相承的作用，才能融入现实的中国特色社会主义制度建设之中。

总之，拥有 14 亿人口、960 万平方公里国土和 56 个民族的中国，能实现并维护国家统一、民族团结，具有强大的民族凝聚力和向心力，社会稳定、秩序井然，当然有历史传统和文化传统的作用，但具有决定作用的是中国共产党的集中统一领导和建立的社会主义制度。驾驭车子前进的舵手是中国共产党，推动车轮前进的是全国各族人民，指导思想是当代中国马克思主义、21 世纪马克思主义，是习近平新时代中国特色社会主义思想。我们只有立足当代，继承传统，才能朝着实现中华民族伟大复兴目标阔步前进！

第六章　必须始终坚持中国共产党的领导

必须始终坚持中国共产党的领导。这不是一句口号，而是事实，是真理。中国共产党建党一百年所带来的中国社会变化以及对世界政治格局的影响，就是事实与真理的双重证明。

一、中国共产党是中国各项事业的领导核心

一百年前，在西方帝国主义掠夺和侵略中陷于贫穷落后的中国，在军阀混

战中处于民不聊生、哀鸿遍野的中国，在种种试图救亡图强、复兴中华民族的方案失败下的中国，在有不少爱国烈士流血牺牲而绝望情绪弥漫的中国，经济凋零，人民贫困，政府腐败，笼罩中国大地的是一片黑暗。

中华民族是具有爱国主义和舍身救国传统的民族。鲁迅先生写于 1903 年的《自题小像》："灵台无计逃神矢，风雨如磐暗故园。寄意寒星荃不察，我以我血荐轩辕。"周恩来于 1917 年写的："大江歌罢掉头东，邃密群科济世穷。面壁十年图破壁，难酬蹈海亦英雄。"这里表达的就是怀着救国救民之心的青年东渡日本不惜"以我血"、不惧"蹈海"追求"济世"的灼热爱国之情。

在鲁迅和周恩来以诗言志后的 1921 年 7 月，一批"我以我血荐轩辕"的中国最早的马克思主义者们，在嘉兴南湖的小船上筹建了中国共产党。他们人数虽少，但是中国的希望。他们是盗火者，是火种和播火者。中国共产党的成立是中国开天辟地以来的头等大事变，为在黑暗中摸索的中国，在一百年中开辟了由革命到建国、由建设到改革的光辉而艰巨的历史进程。

中国共产党建党一百年来的中国历史进程，向世界证明了一个真理：以马克思主义为指导，以人民为中心的中国共产党，就是行。在党史、新中国国史、改革开放史中，党史处于首要的核心地位。因为正是在中国共产党领导下，才有中国革命的胜利和新中国的成立；只有在中国共产党领导下，才有可能在短短 27 年间将一个把火柴称为"洋火"、把煤油称为"洋油"的旧中国，变成一个能制造"两弹一星"的新中国；也只有在中国共产党领导下，中国才能在改革开放中取得举世瞩目的成就，成为世界第二大经济体，并完成了消灭绝对贫困、建设小康社会的任务。中国由一个任列强宰割的旧中国，成为和平崛起，站起来、富起来、强起来，逐步走向世界政治舞台中心的新中国。

一百年的党史是一本大的历史教科书。习近平总书记指出："各级领导干部还要认真学习党史、国史，知史爱党，知史爱国。要了解我们党和国家事业的来龙去脉，汲取我们党和国家的历史经验，正确了解党和国家历史上的重大事件和重要人物。这对正确认识党情、国情十分必要，对开创未来也十分必要，因为历史是最好的教科书。"① 中国共产党是中国革命、建设和改革开放各项事业的领导核心，这是当之无愧的，也是得到全中国人民拥护、得到世界有识之士认可的结论。

二、西方政客反共谰言彻底破产

西方某些对中国复兴充满恐惧和仇视的反华政客，把攻击

---

① 《习近平谈治国理政》，北京：外文出版社 2014 年版，第 405 页。

的矛头指向中国共产党，泼脏水、造谣，无所不用其极。他们心机用尽，深知只要败坏中国共产党的形象，把中国共产党的国际形象搞臭，中国就会孤立，就会不打自倒。殊不知，他们与中国共产党为敌，就是与近一亿中国共产党员为敌，与十四亿中国人民为敌。

马克思、恩格斯和马克思的三个女儿燕妮、劳拉和爱琳娜（1864 年 5 月）

在一些西方反华政客眼里，坚持中国共产党领导就是搞所谓"一党专政"，就是"专制、独裁"，没有民主，没有人权，只有实行多党制，实行普选制，才符合西方倡导的"普世价值",才是正常国家,否则,就是邪恶国家,就不能融入世界大家庭。这个世界大家庭的家长,当然是某个自称要领导世界的霸权主义国家。可是,这套所谓"普世价值"歪理,早就被我们识破了。

本来,各个国家都有根据自己的历史传统、文化传统和国情,选择自己的发展道路,选择适合于本国需要的制度的自由。这是各个国家的内政,理应由各国人民自己作主。西方资本主义发达国家选择资本主义经济制度和政治制度,征求过别的国家的意见吗?美国选择自己的制度,征求过其他国家的意见吗?为什么中国在共产党领导下选择自己的发展道路和方式,必须得到美国的同意呢?道理何在?这不就是霸权吗?!一个国家为另一个国家指定发展道路和方式,而且是不利于他国只利于本国的方案,不管它如何打着推行"普世价值"、推行民主的幌子,这种极端本国利益至上、白人至上的说辞,只有迷魂汤喝多了或假装明白的人才会相信。中国共产党"不忘初心、牢记使命",自建党之日起,就在为寻找中华民族复兴之路而探索、实践。中国人走自己的道路,采用适合中国国情的制度,是中国人民的选择,是历史的选择。这是天经地义的主权,决不会拱手让给别人。

西方资本主义国家创建了资本主义统治方式,这就是资本主义的所谓民主制度,有了不同政党的竞争和逐步推广的普选制度。这种制度不是聪明头脑的发明,而是由资本主义的经济基础所决定的。资本主义私有制下的不同利益集团，不允许只存在一个代表某种特殊利益集团的政党，也不允许代表某个利益集团的政党永远当权。由于利益是多元的，因此，资本主义的政治必然是多党的。没有任何一个政党能够代表各个利益集团的共同利益，对资本主义社会的稳定和永远维护私有制来说，资本主义方式的民主制是最好的制度，因为普选堵塞了通过革命暴力改变社会制度的可能性和合法性，而通过竞选改变资本主义社会、消灭私有制永远是悬在太空的诱人幻想，至今仍然是一种抽象的可能性。

西方民主制实际上是软硬两手的统治。它是软统治，是因为有出气筒，群众有表达不满和愤怒的通道和方式，有普选制，可以换马；当民主超越了资本主义法律许可的范围而危及整个资本主义的统治时，则有另一手，靠一系列法律来保护这个制度；如果发生不可控制的群众运动，则有警察；如果有起义，则有机关枪、坦克和大炮。马克思早就说过，如果被压迫者试图利用资本主义提供的自由、民主、人权来达到自己的目的，则它必然转变为机关枪和大炮。至少到目前为止，我们还没有看到资本主义社会通过普选制拱手把政权交给被压迫者、被统治者的例子。资本主义社会实行多党制是最划算的政治方案，它可以让普通百姓在不断失望中又永远怀有希望。没有和尚有秃子，没有骡子还有马。这个政党不行，我们下次选另一个政党。他们可以用选票的方式表示对某个政党的愤怒，从而淡化甚至忘记对整个资本主义制度表示愤怒。正是在政党走马灯似的轮替中，资本主义基本经济和政治制度依然存在，改变的只是台上的政党和领导人。这就是所谓"历史终结论"的奥秘。

中国是社会主义国家。社会主义社会不同于资本主义社会，其最终目的是消灭资本主义私有制、消灭阶级、消灭两极对立、走共同富裕的道路。除了人民的根本利益外，中国共产党不代表任何既得利益集团。中国共产党处于领导地位的合法性是什么？没有普选，没有一人一票的选举，就没有合法性？要理解这个命题必须理解社会主义革命的本质，理解社会主义制度的本质。坚持中国共产党领导不是为了一党之私，而是为了人民的利益，因为中国共产党的理想、追求和实际政策都是以人民利益为最高宗旨的。如果中国共产党拱手让出领导权，就是对社会主义事业的背叛、对人民利益的背叛和出卖。在当代中国，没有任何政党能像中国共产党那样从整体上代表人民的利益，也没有任何政党具有中国共产党的执政经验和能力。坚持中国共产党的领导地位，得到了中国各个参政党的一致赞同。中国共产党长期执政的合法性是代表人民的利益，是人民的拥护，是民心、民意，而不是来自简单的选票。西方的选票只能决定哪个政党当选执政，并不能决定它是否真正代表选民利益。决定代表谁的利益的不是选票，而是政党的阶级基础、阶级本质及其实际政策。

118

在中国，共产党是领导党、是执政党。我们实行的是中国共产党领导的多党合作制，其他合作政党同样有合法存在的地位，有参政议政的权力，可以担任国家要职和各部门领导。我们的制度适合中国的社会性质和近百年的革命历史，它比西方资本主义的多党制更具特色和优越性。什么是最好的制度？适合人民需要、代表人民利益的制度就是最好的制度。

西方有些政客总认为西方是民主社会，而共产党中国是专制政权。民主和专制的标准是什么？西方可以选举，百姓不满意可以通过选举表达意志。那为什么美国选来选去总是驴象之争，不能选出共产党当政的政府呢？如果选出一个共产党政府，那些有产者、各种财团会同意吗?！实际上，美国的民主选举是不要驴就要象的选举，是从烂苹果中挑出自以为好苹果的选举。这种无奈之举，就是他们夸耀的资本主义民主。任何资本主义国家的选举制都是解决同一阶级中哪个利益集团代表当选的问题，彼此利益不同的财团代表可以轮流坐庄，但资产阶级和无产阶级决不能轮流坐庄。

我们必须懂得政权与政府的区别。政权是代表哪个阶级统治，而政府则是统治者实施权力的方式。政府可以一届届更换人员组成，资产阶级的总统也罢，国会议员也罢，可以变换，这不影响其社会制度的资本主义本质。从来没有一种处于统治地位的阶级会自动让出政权。中国封建社会几千年，有王朝兴亡，有官吏设置的变化，但这种变化只是改朝换代，仍然是封建贵族和大地主阶级当权。资本主义社会也同样如此。从来没有一个资本主义国家能通过选举把工人阶级的政党及其领导人推上国家的统治地位，资本主义存在几百年来，从来没有发生过这种事。美国建国后换了多少届总统，可美国仍然是资本统治的美国。现在几个拉美国家的左派政权并不是共产党，美国都视之为眼中钉，必欲除之而后快。对别的主权国家的治理方式，美国尚且不能容忍，更何况在美国内部呢！资本主义社会的民主永远是资本的民主，是少数人的民主，尽管它由于普选制而获得了形式上全民国家的外表。

社会主义中国不能搞领导制度的多党制。放弃共产党领导，就是要无产阶级和中国人民放弃政权，放弃社会主义制度，放弃共产主义的理想和目标，归根结底是放弃中国人民的根本利益。这是与中国共产党的宗旨相违背的。不忘初心，就要坚持共产党领导，不管西方和国内自由主义者如何攻击一党专政，一定要理直气壮地坚持住。苏联解体的教训决不能忘记。苏联取消共产党领导，实行多党制，带来的是社会主义制度的失败。俄罗斯实行多党制，实行普选，但美国和一些西方国家仍然视其为威胁，动不动就以种种理由实行制裁。一些年轻人，不懂资本主义，更不懂社会主义，不懂西方，更不懂中国，陷于民主和专制的二元对立，缺乏最起码的马克思主义常识。

我们还要了解西方普选制的弊端。一人一票的普选并不意味着全民的参与。任何选举，参加普选的人往往不到享有选举权人数的大多数，即使胜选也未必能获得超过半数选票。这样算下来，实际上当选者代表的只是半数选民中的大半数而已。因此，选举胜利并不等同于全民同意，只是实际参与选举人中的多数同意而已，而这个多数对全体人民来说可能是少数。特别是在所谓民主国家，普选受到各种因素的影响，从舆论宣传到金钱贿选，种种选举丑闻不断。正因为这样，选举的结果可能符合资本主义标榜的选举法的程序正义，但与社会发展的进步趋向和人民的利益可能相反。希特勒上台就是民选的，结果又如何呢？以为凡选举上台就具有合法性和正义性，是一种抽象的民主思维方式。

中国共产党是最善于总结经验的党，总结自身的经验和世界社会主义的经验。苏联社会主义的失败，使我们对加强党的建设、加强党员的理想信念教育、坚持马克思主义在意识形态领域的指导地位重要性有更深切的体会。苏联解体，社会主义革命的失败，不是一个人或几个人的偶然作用，而是有其深刻的社会原因。1848 年法国革命失败后，有人认为革命失败的原因是"某甲或某乙'出卖了'人民"。对此，恩格斯指出：革命失败的原因"不应该从一些领袖的偶然的动机、优点、缺点、错误或变节中寻找，而应该从每个经历了动荡的国家的总的社会状况和生活条件中寻找"[1]。苏联解体，从外部环境

① 《马克思恩格斯选集》第 1 卷，北京：人民出版社 2012 年版，第 566 页。

说，是资本主义世界长期
思想入侵的结果；从内部
说，是苏联从赫鲁晓夫开
始全盘反对斯大林引发的
意识形态混乱，并且延续
几十年的思想意识形态的
演变，特别是苏联共产党
内形成特权阶层，使苏共
脱离了群众。总而言之，
苏联社会主义革命失败是
整个结构危机的结果，而
不是某个单一因素的作
用，而其中起主导作用的

燕　妮

是共产党的腐化和失去民心。党的腐败倾向不能阻止吗？人心
不可挽救吗？当然可以。苏联社会主义并非注定要失败，但必
须有坚强的党的领导核心，必须有壮士断腕的决心，有进行自
我革命和社会革命的勇气。所以，习近平总书记一直教育全党
要有忧患意识，要防微杜渐，要遵守党的纪律，要强化理想信
念。在中国共产党处于领导地位的中国，只要中国共产党
"不忘初心、牢记使命"，就一定能够实现中华民族伟大复兴
的使命。

中国共产党会重蹈覆辙吗？从现在看，不太可能。在以

习近平同志为核心的党中央坚强领导下，我们在国家治理现代化，在反腐、脱贫、整党等各方面都取得了重大成就，得到了全国人民的一致拥护。当代中国，正立足新发展阶段，贯彻新发展理念，构建新发展格局。中国共产党通过整党教育，队伍越来越纯洁，社会主义制度的优越性越来越显现，治理能力越来越科学化、人性化。当然，任何事情都是变化的。一个政党过去先进不表明现在先进，现在先进也不表明它永远先进。我们要有忧患意识。国际资本主义尤其是美国霸权主义的压力，从来没有放松过，只是方式不同而已。社会主义市场经济的改革也是一个考验，不少共产党员包括高级干部就过不了市场经济这一关，国内的新自由主义思想也是一股不容小视的力量。中国特色社会主义道路之争、制度之争、理论之争会是长期的。要保持中国共产党永远不变质、不蜕化为特权集团，要保持社会主义永远不变色，需要培养一代又一代坚定的中国共产党领导人，需要中国共产党队伍永远保持先进性和纯洁性。

有人说，苏联在十月革命七十年后解体，社会主义在苏联宣告失败。中国会怎样？一百年、二百年以后会怎样？这样提问题只能陷于怀疑主义。我们不能保证中国社会主义在发展中不会遇到困难，甚至发生颠覆性的错误，历史的短暂逆转不是不可能的。可是，如果我们基于人类社会发展的历史规律，从大历史观、大时段观的观点看问题，我们可以提一个问题，从人类历史发展总趋势看，人类历史究竟走向何方？是走向永恒的资本主义，走向贫富永恒的两极对立，还是走向更公平、更平等的社会呢？我们可以看到，从个别国家来看，资本主义可以战胜社会主义，在社会主义社会可以发生资本主义复辟和逆转，可从人类历史发展总规律来看，最终是更公平、更正义的社会取代贫富两极分化的资本主义社会，正如资本主义社会曾取代封建社会一样。

中国共产党倡导人类命运共同体，提倡文明交流互鉴，提倡守望相助，互利共赢。这是我们的政策和价值观。当今时代，科学技术的交流、传播、引进是必然的、必需的，闭关锁国必然落后，但没有一个民族和国家可以完全依赖引进而自立于世界民族之林。当代世界仍然是充满各种矛盾的世界，也是科学技术竞争的世界。具有霸权主义追求的国家，把先进科学技术作为推行霸权主义的手段，对我们采取封锁政策，我们不要对它们抱有任何幻想。隐藏在贸易战背后、隐藏在科学技术之争背后的是它们对自己制度的焦虑。这是更深层次的国运之争、道路之争。只要我们毫不动摇地坚持中国共产党领导，全国人民胸怀报国之志、攻坚克难之心，就一定能打破西方某些国家对某些高科技的垄断，在中华民族伟大复兴道路上树立新的科技丰碑。

第七章　历史合力与中国的道路选择

中国共产党领导下的社会主义革命之路、建设之路，特别是在改革开放实践中开辟的中国特色社会主义道路，是中国近代以来最辉煌灿烂的篇章。这是一段包含着丰富历史智慧和现实经验的雄伟壮丽的历史，是记录中国共产党领导下中国人民为实现中华民族伟大复兴进行道路探索和英勇奋斗的历史，是百年浮云遮蔽的东方大国的灿烂日出。这段历史无比丰富，可以从不同历史视角进行解读。

一、重视道路选择的合力研究

历史从来不是独角戏，是多种因素的合力。在近代中国的道路选择中存在各种因素，包括各种历史人物、历史事件，不同的政党和不同的政治主张与方案。道路的正确选择是多种力量的角力和斗争的结果。

对一个国家发展道路的历史合力来说，内因是主要的。内因既有历史因素又有现实因素。历史因素是中国自身的历史和文化传统。习近平总书记在致第二十二届国际历史科学大会的贺信中说："中国有着 5000 多年连续发展的文明史，观察历史的中国是观察当代的中国的一个重要角度。不了解中国历史和文化，尤其是不了解近代以来的中国历史和文化，就很难全面把握当代中国的社会状况，很难全面把握当代中国人民的抱负和梦想，很难全面把握中国人民选择的发展道路。"① 在致中国社会科学院中国历史研究院成立的贺信中，习近平总书记强调："当代中国是历史中国的延续和发展。新时代坚持和发展中国特色社会主义，更加需要系统研究中国历史和文化，更加需要深刻把握人类发展历史规律，在对历史的深入思考中汲取

---

① 《习近平致第二十二届国际历史科学大会的贺信》，新华网，2015 年 8 月 23 日。

智慧、走向未来。"①

我们要重视历史和文化传统，但更要重视现实因素。在现实因素中有三大因素决不能忘记：一是中国共产党的领导。中国共产党及其杰出代表，既是合力形成的参与者又是历史多种可能性中进行关键选择的决策者。二是马克思主义中国化。正是马克思主义的传入及其中国化，克服了盲目复古和全盘西化等错误主张。三是近代以来，生活在水深火热中的中国人民对改变国家积贫积弱面貌的追求、对美好生活的渴望，以及无数烈士为中华民族伟大复兴而流血牺牲。这是政党的力量，理论的力量，人民的力量。

我们也要重视外在因素所起的合力作用。俄国是中国的近邻，十月革命对中国的道路选择具有最直接而又至关重要的影响。正如毛泽东同志在《论人民民主专政》一文中所说的："十月革命一声炮响，给我们送来了马克思列宁主义。十月革命帮助了全世界的也帮助了中国的先进分子，用无产阶级的宇宙观作为观察国家命运的工具，重新考虑自己的问题。走俄国人的路——这就是结论。"②

如果没有内在动力，任何外来力量都不可能改变中国。把中华民族伟大复兴仅归之为挑战和应战的外在动力论是不正确

① 《习近平致中国社会科学院中国历史研究院成立的贺信》，中国政府网，2019年1月3日。

② 《毛泽东选集》第四卷，北京：人民出版社1991年版，第1471页。

的。没有马克思主义和中国共产党，没有广大人民的支持和无数英雄们的流血牺牲，就没有新中国，也没有从站起来到富起来再到强起来的中国近现代史。在主体选择因素中，我们应该高度重视贯穿其中的爱国主义精神和理想信念，重视民族耻辱感所起的作用，这是一种巨大的精神力量。没有爱国主义热情和理想信念就不可能凝聚起人民的力量；没有民族耻辱感就不会激起为民族复兴而奋斗、流血，甚至前仆后继的牺牲。马克思非常重视一个民族的耻辱感。他说过："耻辱就是一种内向的愤怒。如果整个国家真正感到了耻辱，那它就会像一只蜷伏下来的狮子，准备向前扑去。"① 曾经被喻为睡狮的中国，终于在各种历史合力作用下猛醒过来。

我们不能忘记千千万万死去的烈士。"风萧萧兮易水寒，壮士一去兮不复还。"荆轲只是一个激于义愤和感知遇之恩的游侠，而成千上万为中华民族伟大复兴牺牲的烈士们，不是古代的游侠，而是用民族复兴的使命武装起来的现代革命者。矗立在天安门广场上的人民英雄纪念碑，就是纪念在人民解放战争和人民革命中牺牲的人民英雄们，以及自鸦片战争以来为了反对内外敌人，争取民族独立和人民自由幸福，在历次斗争中牺牲的人民英雄们。矗立在天安门广场上的人民英雄纪念碑告诉我们，中国的道路来之不易，我们要加倍珍惜。

---

① 《马克思恩格斯全集》第 1 卷，北京：人民出版社 1956 年版，第 407 页。

研究中国的道路选择必须以历史唯物主义为指导，并清楚认识到，对近代历史起作用的各种因素包括主观因素和客观因素、主要因素和次要因素、内部因素和外部因素等。只有在比较鉴别中，我们才能懂得为什么必须坚持中国共产党的领导，为什么必须坚持马克思主义及其中国化方向，为什么必须重视中国历史和优秀文化传统，为什么必须坚持以人民为中心充分发挥人民作为历史主体的作用，为什么要坚持中国特色社会主义道路。习近平总书记反复强调要"不忘初心、牢记使命"，并在全党进行主题教育，就是要全党，尤其是各级领导干部，特别是高级领导干部，不要忘记为中国人民谋幸福、为中华民族谋复兴的初心和使命，不要忘记为这条道路战斗和牺牲的英雄们。无论是为社会主义革命、建设，还是为改革作出贡献的人们，都是我们民族的脊梁。

二、历史合力下中国的道路选择

在人类历史上，迄至十月革命开辟社会主义制度之前，资本主义社会曾经是最进步的社会形态，给人类带来了高度发达的生产力、新的科学技术和不同于封建专制制度的现代国家政权。资本主义力图按照自己的面貌创造出一个新世界。那么，为什么中国没有选择和不可能选择资本主义，而是最终走上社会主义道路呢？

西方是资本主义制度的发祥地。虽然从历史来看，西方国家的经济发展长期远远落后于中国，但首先进入资本主义社会的却是一些西方国家。当西方进入资本主义社会，中国正处在封建社会由强而弱、由盛转衰、由衰到败的时期。从明代中叶开始，西方一些耶稣会教士在华传教时曾带来一

马克思（1875 年）

些西方的科学技术，康熙乾隆两位皇帝对西方科学技术也表现了一定兴趣，但终究只是为了个人消费和好奇，而没有成为国家政策。中国仍然挟几千年发展的成果而以天朝上国自居。当时没有对科学技术产生需要的社会化大生产，整个社会占主导的仍然是农业生产方式。虽然《清明上河图》显示出宋代城市经济发展的繁华景象，虽然明代中叶以后江南地区商品经济也很发达，但经济构成仍然是农业和手工业产品，或与日常生活密切相关的茶和盐，而非工业品。康熙乾隆时期的繁荣已经是清帝国的黄昏。此后日益像《红楼梦》后四十回描写的荣

宁二府，露出后半世的光景。百足之虫死而不僵，当政者没有危机感。中国封建社会自身的没落、人们思想的守旧、政治的腐败等内在因素，与西方资本主义的兴起和向外扩张结合形成的历史合力，完全阻断了中国社会缓慢自发地走向资本主义社会的时机和可能性。无论是变法维新，还是师夷长技以制夷，以及各种改良主义方案，都无法挽救中国成为半殖民地半封建社会的历史命运。

在自己国内貌似文明的资本主义，在海外表现得极其野蛮。西方资本主义社会的建立和向世界的扩张与殖民，使其他国家逐步变为殖民地或半殖民地国家。中国也没有逃脱这个命运。资本主义向外殖民和入侵往往以传播文明与开展贸易为先导，或以传播上帝福音为掩护，其发家史并不光彩，伴随的是军事入侵的炮舰政策，以及敲骨吸髓的不平等条约。在资本主义主导的世界中，发达与落后、强与弱的国际关系在进行重组。

历史规律是不以人的意志为转移的。世界卷入资本主义体系的过程，是以资本和廉价商品征服落后国家的过程，也是血与火的殖民过程。但资本主义在掠夺别国财富、富足自己的同时，也促进了被压迫民族的觉醒和反抗，播下了革命的火种。马克思、恩格斯在有关中国的论文中对此有过极其深刻而有预见性的判断。马克思在《鸦片贸易史》中写道："一个人口几乎占人类三分之一的大帝国，不顾时势，安于现状，人为地隔绝于世并因此竭力以天朝尽善尽美的幻想自欺。这样一个帝国注定最后要在一场殊死的决斗中被打垮：在这场决斗中，陈腐世界的代表是激于道义，而最现代的社会的代表却是为了获得贱买贵卖的特权——这真是任何诗人想也不敢想的一种奇异的对联式悲歌。"并且预言："过不了多少年，我们就会亲眼看到世界上最古老的帝国的垂死挣扎，看到整个亚洲新纪元的曙光。"①

清王朝的腐败，西方帝国主义国家的侵略，中国先进知识分子的觉醒、人民的反抗——这种合力的作用，既注定了中国封建社会的解体，又激起人们对中国向何处去的探索。尤其是马克思主义的传入，中国共产党的成立，历史上杰出的革命人物和思想家登上中国的政治舞台，由此产生了新的合力运动。这种合力，已经不再是腐朽的清王朝和种种守旧力量与西方帝国主义入侵者的合力，而是以马克思主义为指导的中国共产党为新的历史主体的一方，与以帝国主义、封建主义和官僚买办资产阶级为另一方进行斗争而构成的新合力。中国既已出现新的历史主体，就必然出现新的道路的探索。

一是革命之路——农村包围城市。"怅寥廓，问苍茫大地，谁主沉浮？"1925年秋，毛泽东同志独自在长沙橘子洲头，眺望着万山红遍、层林尽染的岳麓山；俯视着漫江碧透、

---

① 《马克思恩格斯文集》第 2 卷，北京：人民出版社 2009 年版，第 632、328 页。

百舸争流的湘江；头顶上是鹰击长空，脚边是鱼翔浅底。看着万类霜天竞自由的壮丽景色，发出了"谁主沉浮"的疑问，这是对中国发展道路的探索之问。

中国共产党1921年已经成立了，走革命之路已经决定，但具体的道路如何走，仍是一个有待解决的问题。巴黎公社和十月革命武装起义的方式不符合中国国情。中国是一个农民占绝大多数，城市反动统治势力相对雄厚的国家。农村天地宽广，统治薄弱，尤其是军阀混战，省界之间"三不管"的地方不少。毛泽东同志带领队伍上井冈山，从此开始了农村包围城市，最后夺取全国胜利的革命道路。这条道路不仅符合中国国情，也符合中国农民革命的传统。中国农民革命都是开始于农村。我们党团结带领人民找到了一条以农村包围城市、武装夺取政权的正确革命道路，进行了二十八年浴血奋战，打败日本帝国主义，推翻国民党反动统治，完成了新民主主义革命，建立了中华人民共和国，实现了中国从几千年封建专制统治向人民民主的伟大飞跃。

在历史发展中，革命往往是新制度的助产士。资产阶级革命如此，无产阶级革命更是如此。如何看待革命，是一个人政治价值观的集中表现。马克思恩格斯肯定资产阶级在历史上曾经起过非常革命的作用，肯定法国大革命的历史进步性。但是以启蒙思想家的自由、平等、博爱为理想的法国大革命，并没有得到普遍的自由、平等、博爱。恩格斯在《反杜林论》中这样描述:"这个理性的王国不过是资产阶级的理想化的王国;永恒的正义在资产阶级的司法中得到实现;平等归结为法律面前的资产阶级的平等;被宣布为最主要的人权之一的是资产阶级的所有权;而理性的国家、卢梭的社会契约在实践中表现为,而且也只能表现为资产阶级的民主共和国。"① 由此可见,马克思恩格斯坚持朝前看,承认资产阶级曾经起过的积极作用,但也明确指出资产阶级革命的弱点,他们明确号召:"让统治阶级在共产主义革命面前发抖吧。无产者在这个革命中失去的只是锁链。他们获得的将是整个世界。"②

中国革命胜利的实践证明,真正解决中国向何处去的问题需要革命,而不是告别革命。革命自然不是铺满鲜花的浪漫之路,而是改变旧制度和推动社会前进所必需的。中华民族伟大复兴正是从中国共产党人领导的革命和革命胜利开始的。

二是建设之路——独立自主和自力更生。中华人民共和国成立 70 多年的历史,是成就卓著辉煌灿烂的 70 多年,也是艰苦探索并在改革开放实践中开辟中国特色社会主义道路的 70 多年,是具有历史连续性又包含重大转折的 70 多年。只有坚持实事求是和唯物辩证法的历史观,才能在饱含曲折的历史迷雾中厘清发展的主线。

---

① 恩格斯:《反杜林论》,北京:人民出版社 2018 年版,第 16 页。
② 《马克思恩格斯选集》第 1 卷,北京:人民出版社 2012 年版,第 435 页。

马克思写给恩格斯的信

中华人民共和国的成立表明中华民族站起来了，开始踏上建设社会主义的新历程。中国革命是伟大的，但革命以后的路程更长。中国共产党坚持独立自主和自力更生，在辽阔的中国国土上，在"一穷二白"的基础上开始逐步建设雄伟的社会主义大厦。中国人民的爱国主义精神和高昂的社会主义建设热情，像火山喷发。独立自主、自力更生本质上也是一种合力，它依靠党的领导，集全国人民之力，调动各种积极因素形成一种无坚不摧、无难不克的力量。

闭关锁国并非我们进行社会主义建设的国策。毛泽东同志1949年6月15日在新政治协商会议筹备会上的讲话中明确提出，"中国人民愿意同世界各国人民实行友好合作，恢复和发展国际间的通商事业，以利发展生产和繁荣经济"。① 可是西方尤其是美国在军事企图失败后，长期采取封锁禁运制裁政策，在政治上企图孤立中国，在经济上企图困死中国。封锁禁运是一种阻力，同时也能激发一种反作用力。毛泽东同志豪迈地说："封锁吧，封锁十年八年，中国的一切问题都解决了。中国人死都不怕，还怕困难吗？"② 正是在中国共产党领导下，举全国之力，在30年不到的时间里改变了工业极端落后的面貌，建立了比较完整的工业体系和国民经济体系。"两弹一星"标志着国防现代化迈出了坚实步伐。在前进和探索中，

---

① 《毛泽东选集》第四卷，北京：人民出版社1991年版，第1466页。
② 《毛泽东选集》第四卷，北京：人民出版社1991年版，第1496页。

我们有过错误，但成绩是巨大的。邓小平同志对此做过公正的评价："我们尽管犯过一些错误，但我们还是在三十年间取得了旧中国几百年、几千年所没有取得过的进步。"①

三是复兴之路——中国特色社会主义道路。历史存在因果关系的链条。中国革命的胜利、社会主义建设的成就，为开辟中国特色社会主义道路奠定了基础。历史的发展会有曲折和挫折，当然也会有跳跃。挫折往往是跳跃前的下蹲。中国特色社会主义道路就是这种曲折后的一次飞跃。党的十一届三中全会就是新的飞跃的集结号。它在前 30 年取得的成就基础上，通过总结经验教训，举起了中国特色社会主义旗帜，踏上了改革开放道路。这是一条富民富国之路，也是强军强国之路。在中国特色社会主义道路中发挥巨大作用的仍然是历史的合力。中国特色社会主义道路是中国共产党领导和群众实践的合力，是在共同理想信念凝聚下的合力。经过 40 多年的改革开放，我们在中国特色社会主义道路上取得了举世瞩目的成就，不仅成为世界第二大经济体，而且不少领域在世界上也名列前茅。我们仍然面对着国内外风险挑战明显增多的复杂局面，但这阻止不了中国特色社会主义前进的步伐。在习近平新时代中国特色社会主义思想指引下，站在新起点上，中国的开放大门只会越开越大。中国是顺历史潮流而动，而不是逆潮流背道而行。中

①《邓小平文选》第二卷，北京：人民出版社 1994 年版，第 167 页。

国将以更加开放的姿态出现在世界舞台上。当然改革开放和自力更生不是对立的。饭碗要端在中国人民手里，我们要掌握核心技术并大力推进科技创新。进一步改革开放所凝聚的新合力，将更快地推动朝着党中央确定的"两个一百年"奋斗目标、实现中华民族伟大复兴的中国梦既定目标前进。

中国的发展是和平发展。新中国成立以前100多年的历史是饱受侵略战争之苦的历史。中国人民对侵略战争带来的灾难有着最为深刻的痛苦记忆。中国是个爱好和平的国家，这不是因为我们致力于解决国内发展问题，无暇他顾；也不是因为我们的科技和军事实力还不如某些西方大国，无力争霸；而是因为我们的历史文化中没有扩张的基因，我们的文化是"和"的文化，我们的国家是社会主义性质的国家。外交是内政的延续，而内政则决定于国家制度的本质。我们的国家性质决定我们是爱好和平的国家。在《习近平谈治国理政》中，就有专章论及"推进中国特色大国外交"，习近平总书记在论述中明确提出"坚持国际关系民主化，坚持和平共处五项原则，坚持国家不分大小、强弱、贫富都是国际社会平等成员，坚持世界的命运必须由各国人民共同掌握"，强调"要坚持合作共赢，推动建立以合作共赢为核心的新型国际关系"。①

"国强必霸"的逻辑不适合中国。社会主义社会和资本主

---

① 《习近平谈治国理政》第二卷，北京：外文出版社2017年版，第443页。

义社会是两种不同的社会制度。资本主义制度的成长和发展的历史，是与向外扩张的历史相重叠的。两种制度，两种逻辑，两条发展道路。"国强必霸"是资本主义社会的丛林法则，而"和平发展"则是社会主义社会的发展法则。翻开马克思、恩格斯的著作，翻开马克思主义中国化的著作可以看到，从来就没有任何向外扩张的理论，从来就没有发动对外侵略战争的理论。西方少数鹰派政治家和精英宣传它们制造的"中国威胁论""中美必战论"，为制造中国企图与美国争霸和"中国威胁论"寻找历史根据。中国和平发展的历史，戳穿了这个谎言。中国和世界各国的平等贸易和友好交往，都显示了作为踏上强国之路的发展中大国，中国是维护世界和平与发展的重要力量。

当下最鲜明的时代特色，就是中华民族伟大复兴战略全局和世界百年未有之大变局的历史交汇。习近平总书记在江西考察时指出："领导干部要胸怀两个大局，一个是中华民族伟大复兴的战略全局，一个是世界百年未有之大变局，这是我们谋划工作的基本出发点。"[1] 处在这个历史交汇点上的中美两国关系，对世界和平与世界新格局形成举足轻重的关系。中美应该建立的是互利共赢的关系。和则两利，斗则两伤。我们有一千条理由和美国搞好关系，但这不单纯决定于我们。中国有句

---

[1]　《习近平谈治国理政》第三卷，北京：外文出版社 2020 年版，第 77 页。

俗话：一个巴掌拍不响。极限施压必然引起强烈的反作用力量。它只会更加凝聚中国人民维护中国特色社会主义道路的决心。这种力量的强度可能出乎始作俑者的意料。

我想起了毛泽东同志在长征途中写的《念奴娇·昆仑》。其中下阕是："而今我谓昆仑：不要这高，不要这多雪。安得倚天抽宝剑，把汝裁为三截？一截遗欧，一截赠美，一截还东国。太平世界，环球同此凉热。"那可是1935年，红军最困难的时期。这是何等的世界观、人类观和博大胸怀。

三、坚持中国特色社会主义
道路的"制"与"治"

"制"与"治"是一个国家的制度合理性与治理能力、执行能力的关系问题。制与治的矛盾或分裂，往往会导致制度的失败。柳宗元在《封建论》中以周朝与秦朝为例谈到"制"与"治"的得失。柳宗元说：周朝之失，"失在于制，不在于政"；秦朝的郡县制，优于周朝分封制，但在治理上，秦则"失在于政，不在于制"。秦朝的暴政治理，导致二世而亡，"人怨于下而吏畏于上，天下相合，杀守劫令而并起，咎在人怨，非郡邑之制失也"。郡县制度虽适合时代要求，但治理无方，照样不能发挥制度的优越性。

中国共产党是最善于总结自身经验和国际共产主义运动经

验的。苏联社会主义的失败，启示我们要坚持和完善中国特色社会主义制度、推进国家治理体系和治理能力现代化。苏联解体，社会主义失败不是一个人或几个人的偶然作用，而有其深刻的社会原因。恩格斯在《德国的革命和反革命》中总结革命失败教训时说，革命失败的原因"不应该从一些领袖的偶然的动机、优点、缺点、错误或变节中寻找，而应该从每个经历了动荡的国家的总的社会状况和生活条件中寻找"。① 苏联社会主义失败不仅失之在"制"，而且失之在"治"。苏联在列宁斯大林时期确立了社会主义的基本经济制度和政治制度，经过几十年运转后不仅没有得到自我完善，而且遭到后继者在改革旗号下的彻底破坏。从赫鲁晓夫全盘反对斯大林开始引发的意识形态混乱，加上延续几十年的西方思想意识形态的侵蚀，社会主义的经济基础和上层建筑已经非常脆弱；苏联共产党内特权阶层的形成，使苏共脱离群众，人心丧失、思想混乱、治理无方，完全失去有效治理能力。特别是戈尔巴乔夫上台后，鼓吹新思维和取消马克思主义的指导地位，破坏了社会主义制度。苏联社会主义实践失败，失之在"制"，苏联共产党的领导地位和马克思主义的指导地位已经被取消，社会主义已经完全蜕变；也失之在"治"，长期严重脱离群众的官僚主义，使政府的威信消失殆尽。苏联社会主义失败不是某个单一

_____

① 《马克思恩格斯选集》第 1 卷，北京：人民出版社 2012 年版，第 566 页。

因素作用，而是西方长期和平演变和苏联内部自我演变结合的合力。可以说，既失之在"制"，也失之在"治"。

一个政党过去先进，不表明现在先进；现在先进，不表明永远先进。中国共产党最有忧患意识。国际资本主义尤其是西方霸权主义，从来没有放松过对中国的施压。从接触促变的策略到把中国确立为战略对手，采取极限施压和遏制中国发展的策略；"普世价值"、新自由主义、历史虚无主义等错误思潮的影响，都不容小觑。要保持中国共产党永不变质，社会主义永不变色，需要全面从严治党，永远保持中国共产党的先进性和纯洁性。不是保持十年、二十年，也不是三十年、五十年，而是代代相继。其中最重要的就是要解决"制"与"治"的问题。

中国特色社会主义制度是中国共产党和中国人民经过新中国 70 多年，尤其是改革开放实践探索中形成的，这是最具科学性和优越性的制度。以坚持和完善中国特色社会主义制度为根本，我国持续推进国家治理体系和治理能力现代化。党的十九届四中全会审议通过的《中共中央关于坚持和完善中国特色社会主义制度、推进国家治理体系和治理能力现代化若干重大问题的决定》，就是一个很好的例证。全会提出："坚持和完善中国特色社会主义制度、推进国家治理体系和治理能力现代化的总体目标是，到我们党成立一百年时，在各方面制度更加成熟更加定型上取得明显成效；到二〇三五年，各方面制度更加完善，基本实现国家治理体系和治理能力现代化；到新中国成立一百年时，全面实现国家治理体系和治理能力现代化，使中国特色社会主义制度更加巩固、优越性充分展现。"中国共产党深深懂得"天下之势不兴则衰，天下之治不进则退"的历史经验。从"制"与"治"两个方面为中国之治、为长治久安提供具有历史和现实意义的方案，为坚持中国特色社会主义道路提供制度保证。

现实既是历史的延续又是未来走向的根基。中国特色社会主义成就越大，中国的脱贫攻坚成就越大，中国人民的生活越好，中国的改革开放越是取得伟大成就，越是为中国特色社会主义道路的持续性和不可逆转奠定牢固的基础。任何外来势力都不可能通过施压改变中国特色社会主义道路，因为任何国家都不能改变中国历史和中国文化传统，不能改变中国现实的成就，不能改变中国 14 亿多人拥护中国共产党、追求美好生活的愿望，因而也不可能改变植根于中国历史、文化、现实和人心的中国特色社会主义道路。得人心者得天下，这是天下至理，是历史屡试不爽的真理。

历史发展的总方向是上升的、前进的，这是人类历史发展的总规律。中国特色社会主义道路既符合中国历史发展规律，又具有世界影响，因为它与世界人民要求消除贫困、消除两极对立，追求公平、正义、平等社会的目标是一致的。

第八章 中国为什么要走"中国道路"

中国道路，就其一般意义而言，包括中国革命、建设、改革所经历的全过程。对过去来说，是中国的革命和社会主义建设历史；对现实而言，它就是中国当代的社会主义实践；对未来而言，它就是中国为之奋斗的实现"两个一百年"奋斗目标和中华民族伟大复兴，最终实现共产主义。作为一个整体，它就是中国共产党领导中国人民革命和建设的实践历史过程。中国共产党走过的道路，内蕴着中国共产党人的文化自信，其深层本质是对共产党执政规律、社会主义建设规律、人类社会发展规律的把握。笔者以为，中国道路的提法或许比中国模式的提法更确切，更符合马克思主义哲学的本意。模式的提法难以表达出中国特色社会主义道路的本质。从语意来说，模式是成型的、静态的、稳定的。用在国家发展上，模式具有排斥性，把自己国家的发展视为不同于其他国家的唯一的最具优越性的发展方式，或者认为自己国家的发展模式具有普适性，可以为其他国家提供一个现成的发展范式，如同制作糕点的模型，全部糕点都是从一个模子里制作出来的。无论在何种意义上，模式论都不太适用于中国特色社会主义道路。

从历史唯物主义角度看，各国有不同的发展道路，没有放之四海而皆准的发展模式，更没有唯一的模式。西方发展道路是由西方国家自己的历史和文化决定的，而不是为世界提供模式，也不可能提供模式。中国推行改革开放，表明中国共产党愿意学习世界各国尤其是西方发达资本主义国家的经验，但是中国不会照搬西方发展的模式。历史唯物主义是社会形态发展论，而不是社会发展模式论。中国特色社会主义道路，不是从天上掉下来的，而是中国人民在中国共产党领导下走出来的。从整个中国历史来说，中国特色社会主义是在对中华民族几千年文明和文化的传承中得出来的；从近代史来说，它是从1840年以来中国人民为民族复兴而奋斗、而牺牲、而不断遭受挫折的苦难经验和教训中总结出来的。道路是纵向的，它与自己国家过去的历史特点和文化特点不可分割。没有中国历史的发展，没有中国文化的积累，就没有中国特有的发展道路。道路的特点是实践，而不是仿效制作，照葫芦画瓢。中国道路就是中国人的实践，不实践就不是道路，也没有道路。当然，在中国特色社会主义建设中，我们可以有规划、有顶层设计、有"两个一百年"要达到的目标、有中华民族伟大复兴的目标，但目标不等于道路。目标只是道路的重要部分，是道路的指向和要达到的站点。至于如何到达这个站点，怎么走，就是道路问题。可以大胆地说，按照历史辩证法，我们不可能详细地绘制一个不需要修改、不需要完善、不需要调整的中国道路规划图，而是应该根据实际情况不断调整。这就是顶层设计与摸着石头过河的两者结合。中国特色社会主义道路不是定型的，而是未完成式，现在仍在继续走。一句话，中国道路是实践过程，它为人类对更好的社会制度的探索提供的是中国方案，而不是一个现成的模式。40多年来的经验证明，中国特色社会主义道路是在实践中不断完善的。这个过程并没有结束，中国道路有明确的方向图，通过深入探讨什么是社会主义，怎样建设社会主义；建设什么样的党，怎样建设党；实现什么样的发展，怎样发展这些有关道路的根本性理论问题，提高了我们的理论自觉性，为制定各项方针政策，推进各项工作提供了科学指导。中国方案的提出，具有重要理论和实践意义。

中国方案，就存在于中国道路之中。

一、资本主义道路不是人类社会发展唯一之路

我们反对西方推行的"普世价值观",是反对它们对自由、民主、人权的解释的话语霸权,反对它们把西方的资本主义民主制度模式化。其实,各个国家需要的是符合自己国情和文化特点的自由、民主和人权制度。当然,我们可以学习它们的优点,吸收西方的积极成果,但我们有自己的发展道路和方案,而不是成为从西方模具中复制出来的仿制品。中国道路,既是具有中国特色的中国之路,又是具有世界意义的中国之路。讲它是具有中国特色的中国之路,是因为它具有中国的历史特点、民族特点、文化特点;讲它又是具有世界意义的中国之路,是因为它向人类提供了不同于西方发展道路的中国方案。这个方案向世界表明,一个百年来受列强压迫和侵略的民族,一个曾经落后于西方发达国家的民族,完全可以依靠自己的力量,建立与自己民族特点相符合的制度和发展道路,走上民族伟大复兴之路。中国方案是马克思主义和中国文化精华的结合,它的影响力和说服力,是中国对世界的贡献。

方向决定道路,道路决定命运。在中国,不同道路之争,其深层体现为不同文化之争。中国应该走什么样的道路,其争论由来已久,并非现在才出现。早在 20 世纪二三十年代中国共产党成立以后就存在。这就是中国共产党主张的在中国进行

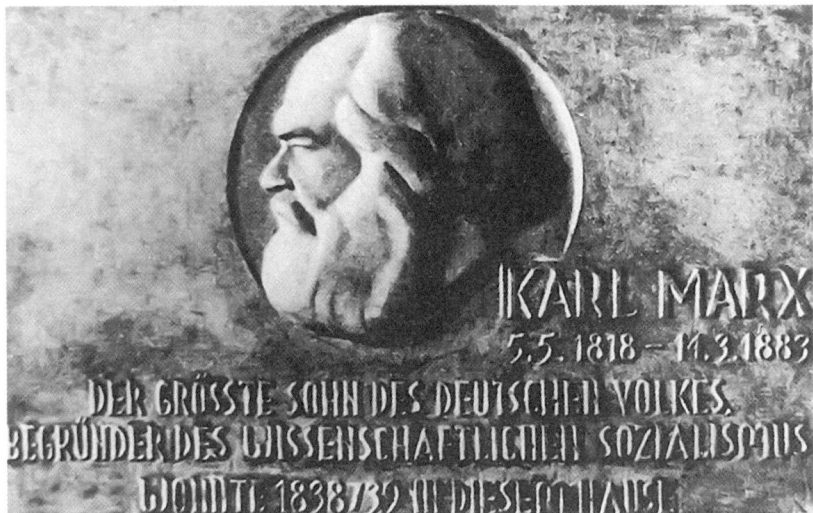

挂在马克思在柏林大学上学期间居住过的路易森街 60 号墙上的纪念牌

革命的道路、文化保守主义主张的中国文化本位主义、一些人倡导的全盘西化的资本主义道路。1949 年中国革命的胜利，从实践上对这个问题做了总结，而毛泽东同志的《论人民民主专政》一文，对这个问题从理论上做了概括。本来，在中国革命胜利之后的前 30 年，这个争论已经沉寂。但随着改革开放后中国总结"文化大革命"经验教训，随着重新正确理解中国传统文化，随着经济全球化后西方新自由主义思潮的涌入，关于中国道路的争论再度兴起。但现在各自的立论与表现，与中国革命胜利之前的 20 世纪二三十年代的文化保守主义和全盘西化论相比，具有新的时代特点和理论支撑。这个理论支撑的文化特点可以概括为三个"化"，即：中国特色社会主义道路的核心是"马克思主义中国化";回归传统,回归儒学,重塑中国社会主义和中国共产党的核心是"儒化";回归人类,回归世界的核心是"西化"。如果不站在历史唯物主义高度把握这三个"化"的本质,就会在中国特色道路问题上缺乏文化自信。

有人提出要中国走世界人类文明发展的共同道路,走世界文明之路。在他们看来,以希伯来犹太教和古希腊哲学为源头的西方文化,是最优秀的文化;西方的道路是世界的普遍道路。中国特色社会主义道路是脱离世界文明,是沿袭自秦始皇以来中国封建社会的专制主义之路,是自外于世界潮流的道路。无论在国际国内,这种说法都时有耳闻。这种说法完全暴露了西方"普世价值论"的政治底牌。资本主义道路怎么就是世界文明之路,就是人类世界共同道路呢?以历史唯物主义观点看,西方文化只是文化中的一种,资本主义道路只是人类社会发展过程的一个重要阶段。资本主义的确为人类作出了比以往任何时代都巨大的贡献,但又同时为自己挖掘了坟墓。资本主义社会是文明与野蛮、光明与黑暗并存的社会。马克思和恩格斯在《共产党宣言》中以热情洋溢的赞美笔调肯定了资本主义的成就,但同时又毫不留情地判处了它的死刑,敲响了资本主义丧钟,指出资本主义社会的过渡性。资本主义社会的出现和发展包括在人类社会发展规律之中,但绝不代表人类的美好理想,并不是人类社会发展的普遍规律。

什么是人类的共同道路，什么是人类社会发展的普遍规律？从历史远景来说，不是少数人富裕的资本主义，而是公平、正义、共富、和谐的社会主义和共产主义。相对于人类存在数千年的阶级社会和剥削社会来说，消灭阶级、消灭剥削，建设一个公平、正义、共富、和谐的社会，才是人类的共同道路。用中国哲学的话说，叫天下为公、世界大同之路，用历史唯物主义关于社会形态发展理论来说，这是人类解放之路、是共产主义道路。世界通向这个共同道路的方式和方法可以各不相同，并且肯定会有先后、有迟早，但对人类社会而言，剥削制度不会是永恒的、亘古不变的。私有制是在一定条件下产生的，也会在一定条件下终结，作为私有制的最高发展阶段的资本主义制度形式也是如此。消灭剥削、消灭两极分化、消灭私有制，走向公平、正义、共富、和谐的社会，这才是人类发展的普遍规律。《共产党宣言》的不朽价值，就是向全人类揭示了这个普遍规律，并号召全世界劳动者团结起来为之奋斗。

我们反对西方包藏政治图谋的"普世价值论"，并不违背世界发展潮流，不是与世界发展相脱离，因为我们不是反对自由、民主、平等、人权、法治这些人类认可的共同价值，相反我们在努力建设社会主义的自由、民主和人权制度。我们反对的是西方某些国家或学者怀着文化自大狂的优越心态，把西方价值观念和制度模式化，视之为放之四海而皆准的"普世模式"。"普世价值论"的本质就是西方制度模式化，是以"普世价值"为软实力的西方资本主义制度的优越性和不可超越性的话语霸权。国内外有学者批评中国特色社会主义道路脱离世界发展道路、脱离人类发展道路，要中国回归人类发展道路，讲的就是回归所谓"普世价值"的道路。他们说，这是中国从"专制""独裁"的社会主义，回归"自由""民主"的资本主义。实际上，就是要中国割断自己的历史传统，摒弃中国文化特点和社会主义道路，期待中国重蹈"红旗落地"的覆辙。

二、中国道路之争

在道路问题上也还有另一种主张，这就是回归儒家、回归传统。最激烈的说法是儒化中国共产党、儒化社会主义。表面上，它与回归世界、回归人类的新自由主义道路是双峰对峙，其结果实际上是殊途同归。中国特色社会主义是我们生活其中的现实的社会，共产主义社会是我们的理想。人在站立的时候，总是双脚立地、背面对后、两眼朝前。社会发展也是一样。社会永远是立足现实、背靠传统、关注未来。而不能是相反的，脱离现实、脸向过去、背对未来。社会发展是往前走的，人的追求不能与社会发展的方向相背而行，而只能相向而行。

在笔者看来，背靠传统，就是继承传统、弘扬传统、创新传统，而不是回归传统。正如儒学一样，需要继承、发扬而不是回归。历史是曾经的存在，现实是当代的存在。传统是历史与现实之间连续性的文化串线。历史对现实有深刻的影响，即它的文化基因具有某种遗传性。儒学传统要继承，但要与时俱进，而不是回归。社会主义有自己的发展规律。

马克思（1872 年上半年于伦敦）

中国当代的现实，是社会主义社会的现实。社会主义有自己不同于封建社会的经济基础和上层建筑，有不同于以往任何社会制度的新的指导思想、新的政治制度。我们是生活在21 世纪的当代人，是生活在建设中国特色社会主义的当代人。站在当代，我们应该重视中国传统文化，吸取中国传统文化的优秀思想，但不可能在社会制度的建设和思想指导观念上，回归传统、回归儒学。

中国特色社会主义道路是一条光辉的道路，也是一条充满困难的道路。我们党清楚知道，老百姓对现实问题有议论、有不满意。当代的问题是现实问题，而不是古代人的问题。现实问题，必须坚持以马克思主义为指导，以问题为导向，采取历史唯物主义方法进行分析，寻找它的现实原因，提供有效的解决方法。传统文化包括其中占主导地位的儒家学说，可以为我们解决问题提供思想资源、提供启发智慧，但传统文化不可能为它们从来不曾经历的两千年后的问题提供预案和答案。对中国道路上存在和出现的问题，儒化不是出路，西化更不是出路，出路在于继续深刻研究和把握社会主义发展规律和中国共产党的执政规律，坚持社会主义方向，坚持从严治党。社会主义的基本规律不可违背，执政党的规律不可违背。治党必须从严。如果管党不力、治党不严，人民群众反映强烈的党内突出问题得不到解决，那么我们迟早会失去执政资格，不可避免被历史淘汰。不懂历史辩证法，不懂得失成败在一定条件下可以转化，是非常危险的。殷鉴不远，岂能忘之。《易经》中说，"君子终日乾乾，夕惕若，厉无咎"，应该成为我们的座右铭。我们一定要以不忘初心之志，以兢兢业业、如履薄冰之心，走符合社会主义规律的中国道路。

三、中国方案与中国道路

习近平总书记说："当代中国的伟大社会变革，不是简单延续我国历史文化的母版，不是简单套用马克思主义经典作家设想的模板，不是其他国家社会主义实践的再版，也不是国外现代化发展的翻版。"① 这是习近平总书记在新的历史条件下，对毛泽东同志《论人民民主专政》一文总结中国革命历史经验的进一步发展，说明了中国特色社会主义道路的创造性。中国道路不是重复母版、模板、再版、翻版。这四个"不是"，就包括三个"化"字。不是简单套用马克思主义经典作家设想的模板，不是其他国家社会主义实践的再版，就是强调马克思主义中国化，要与中国实际和文化相结合；不是简单延续我国历史文化的母版，就是强调中国社会制度和道路不能儒化，以儒学为主导的传统文化要创造性转化和创新性发展；不是国外现代化发展的翻版，就是强调中国的现代化是社会主义现代化，而不是西化。马克思主义中国化，这是最根本的化。没有这个化，一切都无从谈起。中国革命和社会主义建设，尤其是中国的改革开放，中国特色社会主义道路，不是简单套用马克思主义经典作家设想的模板，不是苏联社会主义实践的再版，因为我们是从中国实际出发，以马克思主义作为指导思想寻求适合中国发展的道路。中国民主革命走的是一条农村武装割据，由农村包围城市的道路，而不是马克思和恩格斯设想的巷战，也不是苏联走过的城市武装起义；社会主义革命和社会主义建设，我们也是从以俄为师到走自己的路。很显然，这些都

---

① 《习近平谈治国理政》第三卷，北京：外文出版社 2020 年版，第 76 页。

不是简单套用马克思主义经典作家设想的模板，更不是苏联社会主义实践和改革的再版。不用多解释，中国革命、建设、改革，走的是马克思主义中国化的道路。如果没有从实际出发，没有坚持实事求是的马克思主义基本原则，中国革命、建设和改革不可能取得成功。不是简单延续我国历史文化的母版，就是中国传统文化的创造性转化和创新性发展问题。中国革命不可能延续我国历史文化的母版，因为中国历史上从来没有出现过社会主义革命，何来母版。中国共产党领导的革命是推翻旧的社会制度的革命，是社会形态的变化，不是中国历史上的王朝更替、改朝换代。正因为这样，中国共产党的成立才是中国开天辟地的大事变，中国革命和社会主义建设才是在中国历史上没有母版可遵循的伟大创造。无论是《礼记·礼运篇》中的"大道之行也，天下为公"的"大同"和"小康"理想，或是太平天国的《天朝田亩制度》的废除封建土地私有制、均贫富的思想，虽然包含丰富的思想资源，但都不可能成为中国革命和社会主义建设的母版。它们是原始的空想社会主义，或农业社会主义。我们坚持的是科学社会主义，中国特色社会主义本质上就是马克思主义的科学社会主义，而不是别的什么主义。儒家学说，是封建社会王朝的母版，而且是王朝守成的母版，而不是开拓创新的母版。这是历代王朝倡导以儒治国的原因，怎么可能成为中国特色社会主义道路的母版呢！当然，不是母版，丝毫无损于中国传统文化的博大精深，不影响以儒学为主导的中国传统文化对我们的思维方法、道德修养、人文教化、治国理政的巨大思想价值。应该反对儒学政治化，儒学宗教化，在社会主义时代应该重视儒学的文化本质。但从道路和旗帜的角度说，从重建理想和信仰的角度说，我们绝不能走以儒化国、以儒化党的道路。我们要治理的是社会主义国家，我们要重建的理想、信仰、价值，是社会主义和共产主义的理想、信仰、价值。中国共产党之所以叫中国共产党，就是因为它从成立之日起就把共产主义确立为远大理想。任何一个关注现实的人都能看懂，中国共产党内的腐败分子、党内蛀虫，并不是因为失去对儒学的信仰，而是丧失对社会主义和共产主义信仰。我们社会出现的一些道德失范和价值观念混乱，也不是因为失去对儒家的信仰，而是伴随当代中国社会深刻变化而出现的副产品，或者说是社会代价。我赞同我们应该学习中国传统文化的经典，包括文学如唐诗宋词，总之，中国传统文化中宝贵的东西我们都应该珍重。但我们也应该明白，社会矛盾永远是现实的，我们直面的问题永远是当前。现代人的信仰和价值永远应该是与时代相适应的。任何国家在走出传统社会后都要实现现代化，中国也一样。但中国的现代化是社会主义现代化，而不是西方现代化的翻版。

现代化，是使用最多的一个概念。可是何谓现代化，实现什么样的现代化，这取决于时代背景，取决于各国历史的、文化的特点，特别是取决于社会制度的本质。中国从社会主义制度确立开始，就把逐步实现社会主义工业、农业、国防和科学技术现代化作为我们的奋斗目标。经过 70 多年的建设，我们在不断深化现代化的内涵，包括推进国家治理体系和治理能力现代化，发展社会主义市场经济，发展社会主义协商民主制度，建设中国特色社会主义法治体系，等等。但无论中国现代化的内涵怎样深化，有一点是不会变的，我们搞的是社会主义现代化，而不是资本主义现代化。

　　毫无疑问，资本主义现代化是人类社会摆脱传统社会后的巨大历史进步，但西方现代化是通过向海外殖民实现的，是同侵略、掠夺、剥削、扩张密不可分的。日本也是脱亚入欧，通过实行现代化，走向军国主义，疯狂向外扩张和侵略。我们只看到西方发达资本主义国家变得富强、文明，可忘记了资本主义现代化给世界、给大多数被殖民国家带来的巨大灾难。马克思曾经说过，"当我们把目光从资产阶级文明的故乡转向殖民地的时候，资产阶级文明的极端伪善和它的野蛮本性就赤裸裸地呈现在我们面前，它在故乡还装出一副体面的样子，而在殖民地它就丝毫不加掩饰了"。① 资本主义现代化的本质是资本本性的扩张。海外殖民就是资本扩张，但它号称输出文明。实际上像马克思当年说的，被殖民的国家"失掉了他们的旧世界而没有获得一个新世界，这就使他们现在所遭受的灾难具有

---

① 《马克思恩格斯选集》第 1 卷，北京：人民出版社 2012 年版，第 861—862 页。

一种特殊的悲惨色彩"。① 社会主义现代化与西方资本主义现代化会有某些共同点，有可借鉴的东西，但绝不是西方现代化的翻版。时代不同、社会制度不同、文化底蕴和传统不同，现代化的道路也不同。中国的文化是和平的文化，而不是扩张的文化。中国是在取得民族独立、建立社会主义制度之后，逐步推进现代化的。我们是在被资本主义世界封锁的情况下，完全依靠独立自主、自力更生，依靠党的领导和人民的力量实行现代化。在经济全球化的背景下，我们是通过深化改革开放，在世界交往中继续推进社会主义现代化。我们的现代化，没有殖民、没有掠夺，而是互利共赢；没有血与火，没有战争，而是构建人类命运共同体。中国实现社会主义现代化，是增强世界和平、防止战争的力量，是促进世界和平发展的力量。这是与西方现代化进程伴随殖民、战争和掠夺迥然不同的两种类型的现代化。中国实现现代化，是对世界、对人类和平的重大贡献。社会主义现代化不是西方现代化的翻版，但我们重视对西方现代化的研究。它的成绩、现代化中存在的问题，都能为我们提供经验和教训。我们是后发国家，我们有条件也应该避免西方在现代化中出现的种种问题。我们也不会忘记它们对中国现代化的影响和某种推动。但笔者不赞同中国现代化的动力是外生的，与中国历史自身发展的内在要求无关。外因是条件，

———————

① 《马克思恩格斯选集》第 1 卷，北京：人民出版社 2012 年版，第 850 页。

内因才是根据。中国是一个有几千年文化传统的民族,是一个蕴藏并积蓄了几千年文明内在力量的民族,是一个在近代饱受侵略和掠夺,积蓄着追求民族复兴、追求民富国强强大力量的民族。现代化是中国革命题中应有之义。

中国特色社会主义道路是实现现代化必经之路,是创造人民美好生活的必由之路。我们对道路的自信,源自对文化的自信。中国不仅有五千多年文明发展孕育的中华优秀传统文化,还有中国共产党和中国人民在伟大斗争中孕育的革命文化和社会主义先进文化。文化不仅是知识、智慧的积累,更是一个民族最深层的精神追求。中国百年来历经劫难而九死无悔,"拼将十万头颅血,须把乾坤力挽回",其中闪烁的就是"我以我血荐轩辕"的中华民族文化精神。

第九章　厚植文化自信，增强战略定力

中国共产党的历史和社会主义中国的历史证明，中国共产党和马克思主义是文化自信的中流砥柱。文化自信的根据，既在传统文化之中，又在现实之中，它离不开当代中国社会。近百年的苦难历史证明，如果没有中国共产党，就不可能有重振中华民族和中华文化的有组织的政治力量；没有中国共产党领导的革命，就不可能有新中国，就不可能找到重新树立文化自信的道路。

一、文化自信的依据何在

我们的文化自信不仅有历史根据，而且有现实依据。可以说，它是历史经验和现实成就的双重结合，既具有历史的连续性又具有现实的可验证性。

中国共产党的领导是中国特色社会主义最本质的特征。世界政党史证明，没有一个党像中国共产党这样建党近百年，目标始终如一，朝气蓬勃，坚持自我革命；也没有一个党像中国共产党这样长期处于执政地位，把最高纲领和最低纲领、长远目标和现实目标相统一，逐步朝既定目标前进。领导人可以换代，但共产党的领导地位不变；实际政策和措施可以与时俱进，但中国共产党人的理想信念不变。坚持中国共产党领导地位和实现历史使命的坚定性所表现的，是中国政党制度和政治制度的优越性。

这种优越性也为西方有些学者所认可。他们说，"中国制度的一大优势是长远战略。在欧洲，我们每四年有一次选举，有时候，新政府上台会宣布一些举措，到了第二年，一些变革正在缓慢进行，到了第三年，我们要思考下一次选举。到了第四年我们一切都会停止，因为下一次选举来临了，所以我更喜欢中国制度所具有的长远模式"。还说"拥有强有力的执政党是件好事，可以采用长远的模式，而欧洲和美国都太过短期。

这就是所谓盎格鲁—撒克逊模式。这是一种短期决策模式，只关注股东利益和短期回报，中国更关注长期回报以及回馈社会，我觉得中国正坚持这一原则"。这个看法，客观地肯定了坚持中国共产党领导地位的优越性。

只要毫不动摇坚持中国共产党领导，坚持马克思主义和习近平新时代中国特色社会主义思想，坚持中国道路和社会主义基本制度，我们就不怕任何狂风巨浪，我们的文化自信力就能经受任何考验。

二、对"源自于""熔铸于"
"植根于"应如何理解

对文化的研究不能限于文化自身，必然要对文化和文化产生的历史进行研究。这个研究包括它的根源、发展及其现实基础。这就是习近平总书记提到的中国特色社会主义文化"源自于中华民族五千多年文明历史所孕育的中华优秀传统文化，熔铸于党领导人民在革命、建设、改革中创造的革命文化和社会主义先进文化，植根于中国特色社会主义伟大实践"[①] 的问题。

不理解"源自于"，就不理解中国特色社会主义文化发展

---

① 《习近平谈治国理政》第三卷，北京：外文出版社 2020 年版，第 32 页。

之根。一个没有传统的
文化，不知从哪里来的
文化，如同水上浮萍，
经不起风吹浪打，只能
随波逐流。中国特色社
会主义文化不是从空地
中产生的，废墟上不可
能建立中国特色社会主
义文化。它如黄河、长
江之水，有源头。它源
自于中华民族 5000 多年
文明史所孕育的中华优
秀传统文化。我们的祖

1856 年 10 月至 1868 年马克思在伦敦
住过的房子——格拉弗顿坊 46 号

先为我们留下了丰富的文化遗产，包括物质文化和非物质文化。近日，习近平总书记在敦煌研究院考察时指出，敦煌文化展示了中华民族的文化自信，敦煌是历史上东西方文化交汇的重要枢纽，不同文化在这里汇聚和交融，塑造了独具魅力的敦煌文化。中华文化不仅博大精深而且是具有创造性和生命力的。我们的文化历经 5000 年发展从未中断，全赖这种创造力。在历史上，历代都有杰出的思想家从不同方面对中华文化积累作出自己的贡献，积土为山，汇流成海。

如果说"源自于"回答了文化何以自信的"历史之问"，

那"熔铸于"则回答了中国传统文化"向何处去"的问题。我们不仅要懂得中国特色社会主义文化的历史之根，更要懂得中国传统文化在近代百年之变中"向何处去"的问题。中国传统文化向何处去，是决定中国传统文化塞源断流，还是继续向前发展的大问题。中国传统文化不能也没有随着清王朝的没落而塞源断流，不仅因为中国传统文化具有持久的生命力，而且因为中国人民的顽强拼搏精神。中国特色社会主义文化熔铸于中国共产党领导的革命、建设、改革中创造的革命文化和社会主义先进文化之中，这种文化走向既是中国传统文化发展的连续性，又是文化发展中质的变革。不懂得革命文化和社会主义先进文化的创立是中华优秀传统文化在当代的发展，就不懂得中国传统文化与当代的辩证关系。如果中国特色社会主义文化没有能够"熔铸于"中国革命文化和社会主义先进文化之中，中国传统文化就有可能重蹈历史上曾经发生过的文化断流的历史宿命。

"植根于"则是关于推动文化产生、继承、发展的动力和文化的源泉问题。历史证明，人类从事的物质生产活动、政治活动和其他多种实践活动，是文化产生的社会土壤。它提供凝结为文化内容的源泉，而且提供继续推动文化发展的动力。中国传统文化是我们先人处理人与自然、人与社会关系经验的精神升华；而我们的革命文化和社会主义先进文化则是中国近百年革命实践和社会主义建设经验的精神升华。不懂近百年来中国的革命奋斗实践，不懂中国共产党领导的革命和建设历史实践，就难以理解中华优秀传统文化为什么会成为中国特色社会主义文化的源头，就不会理解中国特色社会主义文化何以"熔铸于"中国革命文化和社会主义先进文化。而社会主义先进文化则是在社会主义建设中逐步培植起来的。

研究文化自信问题，一定要从理论上弄清中国特色社会主义文化的"源自于""熔铸于""植根于"的问题。这样才能弄清中国特色社会主义文化的历史渊源、发展脉络、基本走向以及由实践赋予的精神特质和民族特色。这是从源与流、文化与实践关系中考察中国文化自信的辩证唯物主义和历史唯物主义的方法。

三、强调文化自信意味着什么

习近平总书记说："历史和现实都证明，中华民族有着强大的文化创造力。每到重大历史关头，文化都能感国运之变化、立时代之潮头、发时代之先声，为亿万人民、为伟大祖国鼓与呼。"①

当代中国，正处在中华民族伟大复兴和世界百年未有之大变局的历史交汇点。习近平总书记强调"不忘初心、牢记使

---

① 习近平：《在文艺工作座谈会上的讲话》，北京：人民出版社 2015 年版，第5 页。

命"，教导我们"无论我们走得多远，都不能忘记来时的路"，实际上是向全国人民承诺，中国共产党一定能够带领人民实现中华民族伟大复兴的中国梦，为人民美好幸福而奋斗；也是向全体共产党员发出动员令，一定要坚定理想信念，牢记入党誓言，进行自我革命；同时也是向世界宣告，任何外来势力都不要妄想中国共产党放弃中国道路，改变中国基本制度。

"四个自信"是习近平新时代中国特色社会主义思想的重要内容，其中文化自信是更基本、更深沉、更持久的力量。增强文化自信，是坚定道路自信、理论自信、制度自信的题中应有之义。在当前外部环境复杂、风险挑战严峻、不稳定不确定因素增加的情况下，强调文化自信特别重要。因为一个民族的复兴需要强大的物质力量，也需要强大的精神力量。没有人民精神世界的极大丰富，没有民族精神力量不断增强，中华民族伟大复兴就会因为缺乏文化支撑，就会因为理想和信仰的动摇，就会因为思想缺钙而失去信心。对于一个社会主义国家来说，当前最大的危险是来自于美国等西方势力用各种极限施压的手段摧毁我们的自信。"咬定青山不放松"，"任尔东西南北风"。面对当前世界局势和我国改革开放进入攻坚期的客观形势，我们一定要更加深刻地体会到文化自信的重要意义。

当然，文化自信绝不是文化自大，更不是文化上闭关锁国，拒绝文化交流。文化因交流而多彩，文明因互鉴而丰富。中华民族自古就信奉"和而不同"原则，是最能吸收外来文化的。汉唐时如此，近代更是如此。当中国共产党还偏处陕北小城延安时，毛泽东就以他的世界眼光指出，"中国应该大量吸收外国的进步文化，作为自己文化食粮的原料，这种工作过去还做得很不够"，"各资本主义国家启蒙时代的文化，凡属我们今天用得着的东西，都应该吸收"。改革开放以来，我们更注重文化交流，也更有条件进行文化交流。中国提出的"一带一路"倡议，就不仅是一种经济交往，也是一种文化交往，除了经济价值外，在文化交流上同样具有重大价值。习近平总书记在考察甘肃敦煌时特别强调文化交流的重要性，敦煌文化是中华文明同各种文明长期交流融汇的结果，我们要铸就中华文化的新辉煌，就要以更加博大的胸怀，更加广泛地开展同各国的文化交流，更加积极主动地学习借鉴世界一切优秀文化成果。

四、如何看待马克思主义和
中国传统文化的关系

20 世纪初，马克思主义的传入，改变了中国文化的原有结构，并增添了许多新的科学元素。在以马克思主义为指导的中国共产党领导下，中国革命取得胜利，中华民族从此站起来了，重新恢复了中华民族生机勃勃的民族生命力和文化自信心。

就文化而言，马克思主义的传入提供了用科学态度审视中国传统文化，辨别精华与糟粕，正确处理继承与创新、传统与现代化的科学态度，有力反对文化虚无主义、反对"全盘西化"和复古守旧的保守主义，从理论上阐述了中国传统文化的精神特质和可继承性。毛泽东曾提出："我们信奉马克思主义是正确的思想方法，这并不意味着我们忽视中国文化遗产"。党的十八大以来，习近平总书记对如何对待中国传统文化作过一系列重要论述。事实证明，马克思主义在中国的传播和中国化，没有贬低中国传统文化，而是提升了中国传统文化在世界文化中的地位。马克思主义是中国传统文化沿着正确方向发展的导航器和推进器。

尤其重要的是，马克思主义在中国的传播，当它被中国化成为毛泽东思想，成为中国特色社会主义理论时，就不再是所谓"异域文化"，而是当代中国文化最重要的内容。中国化的马克思主义，不仅内容是与中国实际、与中国历史和文化的结合，而且就语言风格和气魄而言都具有中国文化特色。我们只要读读毛泽东的《实践论》《矛盾论》《关于正确处理人民内部矛盾的问题》，读读习近平总书记系列重要讲话中的引经据典所显示的中国风格，就能明白它既是马克思主义的，又是中国的。没有马克思主义与中华优秀传统文化的结合，在近代西方殖民文化和帝国主义文化的强势攻击下，中国传统文化很难有文化自信的底气。

不要抽象地争论马克思主义和中国传统文化的关系，尤其是非历史主义地争论马克思主义与儒学的高下优劣。一个是中国革命和社会主义建设的思想理论指导，一个是中华民族的精神血脉和中华民族的文化之根。应该用历史唯物主义观点处理马克思主义与中国传统文化的关系，反对蔑视以

恩格斯

儒学为主导的中国传统文化的文化虚无主义，中国的马克思主义可以从中国传统文化的精髓中得到思想资源、智慧和启发，但也要防止以高扬传统文化为旗帜，反对马克思主义、完全拒斥借鉴西方文化的保守主义思潮的沉渣泛起。

五、为什么说中华优秀传统文化需要创造性转化和创新性发展

为什么习近平总书记在高度称赞中华优秀传统文化的同时，强调创造性转化和创新性发展呢？这是一种历史唯物主义的文化观，把文化放在整个社会结构及历史发展中来考察，而

不是把文化看成凝固不变的，更不是把它高悬于思辨的太空之中。

文化作为观念形态，总是与特定阶段的经济制度、政治制度处于相互联系之中，构成不可分割的社会整体。当然，作为人类精神活动创造的成果，优秀文化的基本精神具有超越时代的文化基因和文化价值。因此，中华优秀传统文化也会具有两重性，即超越性和时代局限性，这就为创造性转化和创新性发展提供了可能性和必要性。

中华优秀传统文化创造性转化和创新性发展，归纳起来主要有三条：一是分辨，区分精华与糟粕；二是激活，通过与实践结合对传统文化作出与时代相适应的新的诠释；三是创新，接续中华民族文化优秀基因推进社会主义文化建设，提出新概念、新观点。这是一个重大研究课题，而且非一人之力，非一代学者之力能够研究透彻。这应该是对待中华优秀传统文化的长期有效的方针。

中华优秀传统文化内容丰富，博大精深，它包含中国哲学智慧、治国理政经验，以及社会生活不同领域的众多思想成果。当然，中华优秀传统文化中道德伦理思想占主导地位，但这种道德伦理特色不应遮蔽中华优秀传统文化在不同领域中丰富多样的色彩。在中华优秀传统文化的创造性转化和创新性发展中，我们应该放开我们的眼界和视角，深入挖掘中华优秀传统文化中丰富多样的文化精华。习近平总书记在考察敦煌时指出，研究和弘扬敦煌文化，既要深入挖掘敦煌文化和历史遗存的哲学思想、人文精神、价值观念、道德规范等，更要揭示蕴含其中的中华民族的文化精神、文化胸怀，不断坚定文化自信。

毫无疑问，中国传统道德伦理是中华优秀传统文化中最重要的内容。但在实行社会主义市场经济的条件下，如何处理中国传统道德伦理与市场经济条件下的现实关系是一个重大理论与现实问题。在当代中国，我们需要创造与社会主义经济制度、政治制度相适应的文化形态，包括道德和价值观，使中华民族最基本的文化基因与当代文化相适应，与新的时代相适应，与社会主义制度相适应，创造出以社会主义核心价值观为主导的新时代中国特色社会主义的先进文化和道德伦理规范。为此必然要经过创造性转化和创新性发展，而这个过程同时就是中华优秀传统文化的创造性转化和创新性发展过程。

应该重视马克思主义在中华优秀传统文化的创造性转化和创新性发展中的理论和方法论指导，重视中国特色社会主义实践对传统文化的激活作用。离开了这个原则，传统文化经典就只是一种文本，是一种历史性存在，难以与现时代相适应。

六、为什么说文化自信归根结底是全民族的事情

文化自信不是哪一部分人的问题，而是事关国运兴衰、事

关文化安全、事关民族精神独立性的大问题。文化兴国运兴，文化强民族强。没有高度的文化自信，没有文化的繁荣兴盛，就没有中华民族伟大复兴。

当然，文化自信首先是中国共产党人的自信。因为在中国，党政军民学，东西南北中，党是领导一切的。以马克思主义武装起来的中国共产党深深植根于我们民族的文化血脉之中。中国共产党汇集了中华民族优秀儿女，有理论、有组织、有纪律，是站在时代前列、引导时代潮流的政治集团，因而成为中华民族和中国人民的领导核心，是文化自信的主体。中国共产党的品格就代表了中华民族的不屈不挠、自强不息的民族品格。中国共产党人的文化自信就是凝聚并代表中华民族的文化自信。

文化自信包含与人民同呼吸共命运的知识分子的文化自信。这是由这个群体的专业和职业特点决定的，各个文化专业领域的专家、学者、非物质文化的创造者和传人都能从自己专业领域发现文化自信的历史根源和文化传统，也都能以自己的创造性贡献强化人民的文化自信。改革开放以来，尤其是党的十八大以来，在世界文化学术论坛和文化交流中，中国学者日渐增多。单面输入和接受的时代已经结束。中国学者广泛参与世界文化的交流，就是文化自信的一种表现。

文化自信更是对全体人民说的。全体人民的自信，本质上就是一个民族的文化自信问题。人民是民族的主体，民族是以文化认同为纽带的牢固集合。离开了人民的自信，民族的文化自信就是抽象的；离开了民族的文化自信，所谓人民就会是一盘散沙。

文化是民族的灵魂，人民是文化的主人。没有民族的文化自信，没有人民大众的文化自信，就不会在这个民族文化土壤里培育出杰出的思想家、文学家和文化巨人。习近平总书记强调，仅仅靠少数文化名人，不可能撑起民族自信的大厦。只有全体人民尤其是年轻一代能够普遍树立文化自信，才能使文化自信建立在坚实的基础上。

文化自信大众化非常重要。习近平总书记非常重视传统文化的教育和大众化问题。他说过："对中国人民和中华民族的优秀文化和光荣历史，要加大正面宣传力度，通过学校教育、理论研究、历史研究、影视作品、文学作品等多种方式，加强爱国主义、集体主义、社会主义教育，引导我国人民树立和坚持正确的历史观、民族观、国家观、文化观，增强做中国人的骨气和底气。"①

文化的最大力量是"化人"。如果我们的传统文化只停留在经典文献上，只为少数专家和学者所理解，或藏在图书馆而远离我们全体人民的日常生活，就不能发挥文化的作用；如果我们的革命文化和社会主义先进文化只停留在没有实际措施的

---

① 《习近平谈治国理政》，北京：外文出版社 2014 年版，第 162 页。

口号上，同样不能发挥它的重要作用。培育人民的文化自信，我们应该用中华优秀传统文化、革命文化以及社会主义先进文化教育我们的人民特别是青少年，提高他们的人文素质，使全体人民成为有文化有教养的现代文明人。

　　一个强大而爱好和平的中国，一个经济发展而对世界繁荣作出贡献的中国，一个对人类文化多样性作出卓越贡献的中国，对构建人类命运共同体的作用是无可估量的！

第十章　文化的实践转化与制度文明的时代建构

文化与文明很难绝对区分开，没有不包含文化的文明，也没有不与任何文明相结合的文化，彼此井水不犯河水。但两者还是应该有区别的。英国著名社会人类学家马林诺夫斯基在他的名著《文化论》中讲到文化与文明时说："'文化'一词有时和'文明'相混用，但是我们既有这两个名词，最好把它们分别一下。"我的理解是，文明是外在的、可见的，文化是内在的、不可见的。文化属于上层建筑领域，是观念，是思想；而文明不限于上层建筑中的思想观念，而是表现为一个社会的整体发展状态。当制度的构建作为一种观念和理想时属于文化；当制度文化对象化为现实的制度即属于制度文明。文明不是单纯的观念，而是现实的社会状态，是衡量一个社会全方位发展程度的尺度。社会的发展不仅表现为文化的发展，而且表现为文明的进步。

从另一个角度讲，文明一般指的是肯定性的积极成果，文化由于它主导的价值观念不同而内涵比较宽泛。一个人有较高的文化水平，但行为举止不一定符合作为一个文明人的规范。道德实践是文明，反映一个社会实际道德状况的文明程度，而道德形而上学、心性论就属于文化范畴。从市场上看，文化是难以购买的，能买到的是文化产品，而文化产品一定体现这个社会的物质文明和精神文明的发展水平的结合。

文化转化为文明，是文化发挥积极作用的必然方式。使中国传统文化转化为具有中国特色社会主义的现代文明，是我们面对的重要的时代课题。文化与文明的关系问题，不仅是一个学理问题，而且是一个实践问题；不仅关系到一个民族、关系到社会，也关系到每个人。如果没有文化向文明的实践转化，就不能使社会文明与文化同时得到实质的发展。

一、从文化到文明的实践转化

在疫情期间，我又把《易经》《道德经》《庄子》《论语》《孟子》找出来重新学习。这些都是中国传统文化的不朽之作，永远的经典，常读常新，例如《道德经》说的"道冲，而用之又弗盈"。但读书的方法和目的由于时代的不同而不同。我们没有生活在科举时代，读书不是为了应试，而是学习做人；至于读《道德经》《庄子》接受什么、如何接受，的确与自己的处境息息相关。如果因为处世不利，把读书作为灵魂安慰，就会越读越灰，越读越低沉，我自己有这个人生体会。如果从积极方面去读，的确可以学到如何对待成功与失败、顺境与逆境的智慧。《论语》的内容很浓缩，有很大的解释空间。孟子很雄辩，比喻生动，以理服人。《易经》很难，有深读有浅读。对我们这些研究马克思主义哲学的人来说，最有意思的是其中关于辩证法和天人关系的思想。还有《易传》，如果我们能够根据实践和生活经验从中体会到深刻的智慧，就会丰富我们的哲学思维；诸如亢龙有悔，泣血涟如，何可久也，无妄之药，不可试也，等等，结合自己的人生经验完全可以理解。我们的专业领域虽然是马克思主义，但作为中国的马克思主义工作者，我们应该重视自己的文化传统，认真学习我们的传统经典。当然，我们应该取其精华，去其糟粕。

　　文化是观念形态，制度文化就是关于制度的理念，制度文明则是制度化的现实。制度文化和制度文明之间可能存在矛盾，因为制度文化的理想往往高于制度文明的现实，这种矛盾往往表现为思想家和统治者之间的矛盾。因为思想家侧重于理想，而统治者往往侧重于现实的利益。中国古代思想家有很多美好的社会主张，但并不能完全实现。这个问题不仅在中国如此，在西方也是一样。中国古代有丰富的民本思想，例如，"民为本，君为轻，社稷次之""民为邦本，本固邦宁"，这些思想都非常重要。但封建社会基本制度并不是按照民本主义理想构建的，而是维护君权、维护统治阶级利益的。因此，封建社会的现实是君贵民轻、官贵民贱。这是由社会经济形态的本质决定的。没有一种社会制度是按照思想家的理想建立的。可以说，在中国封建社会，民本主义往往是作为一种思想传承，作为制度建设是很少的；当然封建社会也强调赈灾、治水、济贫、防疫，这对治理封建社会发挥了重要作用，但封建社会最基本的制度建构是要维护封建统治者的利益。纵观中国的文明发展史，我们可以看到，文化与文明的区别在于，并不是所有的文化理想都能够制度化、能够成为现实的社会形态。

　　有人说，文化真的如此重要的话，为什么历史上以儒家文化为主导的中原政权，在与周边游牧民族发生战争时往往打败仗呢？后来我看马克思关于游牧民族生产方式和生活方式的论述，明白了这个道理：儒家处于独尊地位和它所提出的维护君权和等级制的制度性设计，能比较有效地维持中原政权统治和治理，但面对非儒家主导的少数民族进犯，以儒学为意识形态主导的中原政权往往难以抵挡。例如，汉朝时匈奴扰边；魏晋时所谓"五胡乱华"；宋朝被金人打败，北宋亡；南宋在杭州维持了一段，最后为元朝取代；明朝亡于满人，清朝取代明朝。当然，这个历史之谜不能归罪于儒家学说，按照历史唯物主义观点可以得到很好的解释：农业民族依靠土地，安土重迁，无奈战争破坏家园，这只要读读杜甫的《兵车行》就知道，"车辚辚，马萧萧，行人弓箭各在腰。爷娘妻子走相送，尘埃不见咸阳桥"；而游牧民族是马背上的民族，马是生产工具，是生活工具，也是作战的武器，生产方式、生活方式和作战方式"三位一体"。马克思说过，在马和剑是真正作为生存手段的地方，它们"也都被承认为真正的政治的生命力。在中世纪，一个等级，只要它能佩剑，就成为自由的了。在游牧民族那里，有马就使人成为自由的人，成为共同体的参加者"。新崛起的游牧民族善骑射，速度快，性格剽悍，充满生命活力和血性，而且不受儒家仁义道德规矩束缚。眷恋土地但被征戍边参战的恋地农民，与没有土地眷恋的游牧民族相比，在战场上肯定胜数不多。但游牧民族在取得政权以后治国理政，设计一套制度以维护夺得的政权，其原有的规则肯定不灵，必然要借助于儒家的制度性设计，以便治国教民。

马克思 1935 年 8 月写的中学毕业作文《青年在选择职业时的考虑》的第一页

　　儒家文化具有强大的同化力。游牧民族入主中原以后，就会逐渐被同化，或者说汉化、儒化。任何较低文化的民族都必然要采用比它高的被征服民族的生产力和文化，因而总是被较高的文化所同化，这是历史规律。入主中原的游牧民族不可能把农田变为牧场，在农田里放牧，而是逐步采用先进的农业生产。这就是中国的历史，以中原王朝丢掉政权开始，而入主中原的少数民族统治最终被同化，融入中华民族的文化传统，成为中国历史不可分割的组成部分。

　　我们应该有宽阔的历史视野，要有高于民族矛盾的中华民族的整体历史视角，重视少数民族对中华文化的贡献，重视民族文化的融合对中国历史的推动。西晋亡，北人南渡，南京成为繁华的六朝首都，并推动南方经济和文化的发展。北宋亡，南宋偏安杭州，或称临安。杭州建都，同样推动了附近各省的经济文化发展，杭州成为最繁荣的城市。柳永的《望海潮·东南形胜》描写杭州，极力铺陈其豪华："烟柳画桥，风帘翠幕，参差十万人家……市列珠玑，户盈罗绮，竞豪奢。"中国历史上的王朝更替，或少数民族入主中原建立新王朝和北人南渡，这个过程就是中华民族共同体的形成过程，也是中华民族多元一体的文化格局形成的过程。历史不怜悯眼泪，历史只尊重规律，前进的车轮有时会碾烂无辜者的尸体，但历史从进步中得到百倍的补偿。

　　在历史上，中华民族的文化融合是很常见的。李白有一首诗："床前明月光，疑是地上霜。举头望明月，低头思故乡。"人们就有疑问，在床上怎么能看到月亮呢？在唐代，人们将椅子叫胡床，坐在窗前的椅子上看月亮，是很自然的。

文明是可以借鉴的，而且是应当借鉴的。古代是如此，现代也是如此。我们的四大发明被传到西方，电灯、电话首先是在西方出现的。文化具有积累性和继承性，文明具有进步性和替代性。就中国文化而言，唐诗之后有宋词，宋词之后有元曲，很难说元曲就比唐诗好。但是，文明的进步和替代必然包含文化的内涵，如果脱离文化的内涵，文明的进步就可能产生负面效应。因此，文化和文明的均衡发展是非常必要的。

启蒙思想家们的制度理想是闪亮的，但资本主义的制度现实与它的理想是不完全一样的，二者的差距有时很大，甚至是矛盾的，有时候还体现为文明与野蛮的交错往复。资本主义社会总有例外论者，觉得自己一切都是例外。记得马克思说过，"每当资产阶级秩序的奴隶和被压迫者起来反对主人的时候，这种秩序的文明和正义就显示出自己的凶残面目。那时，这种文明和正义就是赤裸裸的野蛮和无法无天的报复。占有者和生产者之间的阶级斗争中的每一次新危机，都越来越明显地证明这一事实"。所以，启蒙和现代性思想是面向普遍的，科技是可以为各国人民普遍使用的，但制度现实是"例外"的，这种矛盾至今是资本主义无法克服的。

精神文明最深沉的内涵是文化，精神文明就是文化的外在化。一个在农村生活的人如果受教育比较少，文化程度可能会比较低，但他的行为的文明程度、道德水准可能高于一个在城市中生活的有文化的人。文化如果不能在文明中得到体现，就会沦为一种纯粹抽象的东西。文明表现的是社会进步的尺度，从蒙昧到野蛮，从蛮荒到城市建设，都是文明演进的过程。文明社会中的很多事情并不都是文明的，有时也包含野蛮，有时野蛮也可能展现文明的曙光。我们从一个城市的建筑风格、街道、图书馆和学校、城市卫生等可以看出一个城市的文明发展程度。但是，构建这种文明的城市文化观念存在于人们关于城市文明建设的思想中。

　　我们中国的人文社会科学研究，必须立足于中国实际，解决中国问题，这样才能有中国风格和中国气派。我们做学问，既要有历史感，也要有现实感。对当代人而言，传统文化是当代人的思想土壤，优秀的文化传统是肥土沃壤。但也要充分认识到，中国传统文化必须实现创造性转化和创新性发展，这种转化和发展应该越出解释学或阐述范围，更重要的是把优秀文化的精华转化并渗透到我们制度文明的建设中。我觉得文化与文明在一定程度上也体现了"体与用"的关系，研究哲学当然也要考虑这种体用关系，二者是相辅相成的。在哲学研究上则体现为理论与实践的关系、逻辑与历史的关系。习近平总书记参观位于腾冲的艾思奇纪念馆，在高度评价他对马克思哲学大众化的积极贡献的同时，要求我们要把马克思主义本土化、通俗化、大众化工作做好。对我们这些从事马克思主义理论和研究工作的人来说，本土化、通俗化、大众化，是衡量我们做没做好工作的重要标准。

文化往往是与一个时代的精神状况相联系的，《黄河大合唱》与《何日君再来》反映的就是不同的情感或社会心理，也体现了不同时代的精神状况。在一个昂扬奋进的时代，自然会产生充满正能量的文艺作品；在一个奢侈享乐的时代，就会有很多鼓吹享乐主义和腐朽生活的作品。哲学研究也是这样，真正伟大的思想家往往产生于出现时代危机和民族危机的时候，伟大的时代往往造就伟大的思想家。如果我们脱离对具体时代的理解，就很难理解为什么会产生这样伟大的思想和这样伟大的思想家。

文化比文明更久远，曾经繁盛的文明可能成为历史的遗迹，以往的富丽堂皇建筑变成断壁残垣，繁华的城市会没落。但人类已经获得的思想智慧不会断流，它会为不同时代的人提供思想智慧。优秀传统文化会成为文化传统，成为一个民族的精神标识。文化之所以具有长久的价值，在于它的积累性、持续性力量是任何其他社会现象所难以具有的。人不仅有肉体生存的需要，也有精神生活的需要，即作为人的特殊需要，这种需要往往体现为文化，体现为人们的精神世界，包括哲学、道德、审美、宗教、风俗等多方面。文化以物质为载体，与自然世界不可分割，文化渗透在经济、政治领域，它对象化为现实就是文明。文化建设的核心是培育和践行社会主义核心价值观，文明建设包括物质文明、精神文明、政治文明、社会文明、生态文明的全方位建设。

文化的表现形式是多种多样的，我们现在所说的饮食文化、服饰文化、旅游文化实际上指的不单是饮食、服饰、旅游本身，而是其中包含的文化内涵。例如，饮食中的菜系、烹饪艺术、饮食尤其是宴请时的礼仪，都属于文化观念。服饰文化不仅指衣服，还有它的审美价值，以及它所表现出来的不同的民族风格。旅游也是如此，人们在旅游过程中会欣赏到历史遗迹、山水风情等涵养人的修养的内容。生活方式之所以被视为文化，根本的原因是生活的方式，而不是生活本身。人活着就要生活，任何时代、任何民族、任何国家的人都是一样的；但如何生活，即生活的方式是不一样的，这个不一样中就包含文化观念的不同。

文化的发展不是简单的物质进步所能衡量的，而是具有时代特色的。我说过，不能认为油灯下的作品一定不如电灯下的作品好，也不能认为用毛笔写的文章一定不如电脑敲出来的文章好。相比而言，文明体现了社会发展程度，是一种发展水平的标志，也是规范人们行为的各种制度的总和。一个社会的文明形态与生产方式直接相关，有什么样的生产方式就会有什么样的文明与之相适应。应当注意的是，在文明发展的过程中，文化发展方式不一定是同步的，文明形态是与时俱进的，文化

185

形态是各领风骚的。

文化本身并不包含行为，而体现为一种观念形态，与人的行为融为一体的是文明。真正衡量一个人的素质的不是单纯的文化水平，而是行为举止语言和交往时的文明程度。与人文文化比较而言，科技文化具有趋同性，因为其中的自然规律是相同的。文化不都是阳春白雪，也不都是理论形态，它具有很强的世俗性，脱离世俗生活，是很难理解一个民族的文化的。我们在端午节吃粽子，在中秋节吃月饼，在正月十五吃元宵，这些都是风俗，也是文化。文化总是与生产方式和生活方式相适应的，节日的形式总会与人们的休闲方式有关，生产方式的转型是摆在人们面前的一本大书，是人的心理学，以往流行的民间文化艺术也有可能会被人们渐渐淡忘。当然，从保存文化的完整性角度考虑，抢救非物质文化遗产是一项重要工作。

自然科学对人们的思想观念的影响是相当大的，它不仅使人们摆脱愚昧，也改变了人们的思维方式。这次新冠肺炎的流行就改变了人们的饮食观念，也打破了西方人的口罩观念。科学的重大发展往往导致旧的思维观念的突破，从机械论到辩证唯物论，从旧形而上学到唯物辩证法，都与18世纪以来自然科学的发展密切相关。我常说，自然没有目的，但自然科学家有目的；自然没有情感，但自然科学家有情感；自然现象没有好坏，但自然科学家的道德判断有是非。这涉及科学家的人文修养，是人文科学的研究对象，人文科学当然就直接影响人们的思维观念了。其实，科学与人文就是人类社会存在和发展的两种方式，它们都与生产方式有关；人文文化曾经长期占据主导地位，随着科学昌明和技术进步，科技与人文并重，科学文化会发挥越来越重要的作用。

过去有一个形象的说法，叫"文化搭台，经济唱戏"，其实文化与经济的关系是很复杂的，文化对经济的反作用是现实的。在亨廷顿主编的《文化的重要作用——价值观如何影响人类进步》一书中，我记得有很多关于文化和价值观影响经济社会发展的数据和例子。政治与文化的关系也很复杂，所以才有关于文化政治的研究。我们要将经济、政治和文化看作一个有机体，其中经济是基础，政治是中介，文化是价值导向。我觉得单纯就文化自身比较中西文化是不充分的，因为这种比较往往停留在文本上。其实，文化的差异性中有时代问题、古今问题、生产方式问题、民族传统问题，甚至有地理环境问题。如果以农业生产方式的文化，与西方以工业生产方式为基础的文化简单比较，往往导致贬低农业社会的文化成就。

文化具有意识形态的属性，路易十六被关在巴士底狱的时候说过，是伏尔泰和卢梭消灭了法国。法国启蒙思想家促进了法国大革命，正如恩格斯所说，他们的著作在国外，在荷兰或英国印刷，而他们本人则随时被关进巴士底狱。文化的作用当然也体现在维护经济和政治等方面，这往往是通过以各种形式传播体现时代精神的价值观来实现的。在实现中华民族伟大复兴的进程中，知识分子应当承担自身的文化使命。国家要"尊重知识，尊重人才"，切实提高人们的科学文化素质，以马克思主义为指导，传承中华优秀传统文化，发展社会主义新文化，在此基础上，建构中国特色社会主义制度文明，为民族复兴提供制度保障。

二、制度文明的建构与民族复兴的制度保障

不能简单地以西方的自由、民主、人权与中国封建专制、等级和特权相比，证明西方文化比东方文化优越；也不能以中国农业社会那种浓浓的亲情和伦理关系与西方资本主义社会的拜金主义和人情冷漠相比，赞美东方文化比西方文化优越。这里很多问题不属于文化范围，是社会制度和政治体制问题，是应当从生产方式和制度文明的角度思考的问题。文化受社会制度制约，但不能以对制度的分析代替对文化的分析，文化是不能简单地以古今中外的差异来判定优劣的。文明与社会形态的发展密切相关。文明是多元的，可以相互借鉴。文明之间本没有冲突，发生冲突的原因是向外扩张的殖民制度和统治阶级的利益。

中国传统文化在古代社会，因为统治者的制度化过滤而损失了一些积极的方面，其中一些理想的东西不能现实化，而有

利于稳定统治和社会秩序的伦理观念和等级观念被强化、放大。历朝历代尊孔尊的不是真正的孔孟思想的精髓，而是其中一些有利于维护等级制度的东西。对于孟子"民贵君轻、社稷次之"的说法，朱元璋就极为不满并因此取消了孟子的陪祀资格，他将孟子赶出了文庙。朱元璋出身贫寒尚且如此，封建统治者大抵从心里都讨厌这种观点。儒家强调倾听民众疾苦声，封建官场从来都是报喜不报忧，对上永远高度一致，对下永远要求唯命是从。所以，中国传统文化有很多精神财富，但封建的制度文明中有很多糟粕。

中华优秀传统文化是我们从事文化建设的重要思想来源，它的影响作用的大小取决于它在多大程度上变成中华民族的文化传统。中国传统文化是历史的，而文化传统则是现实的，传统文化转化为文化传统是在一定的社会制度下进行的。任何一个有作为的民族的文化使命，都是将优秀的传统文化转化为世代相传的文化传统，使之融入到民族的血脉之中，成为人们生活方式、思维方式和价值观的重要构成因素。正是文化传统使传统文化和现代文化贯穿起来，成为一种源流关系。为此，需要继承优秀传统文化，这种继承不是囿于传统文化或受一些旧思想的束缚，而是要前进、创新，要实现传统文化的创造性转化。

文化土壤非常重要，《歌德谈话录》中关于文化土壤重要性的论述很深刻。歌德说，"如果一个有才能的人想迅速地幸运地发展起来，就需要有一种昌盛的精神文明和健康的教养在他那个民族里得到普及"；还说，"我们都惊赞古希腊的悲剧，不过用正确的观点来看，我们更应该惊赞的是使它可能产生的那个时代和那个民族，而不是一些个别的作家"。历史证明，文化名人的出现往往是群星灿烂，而不是一枝独秀，因为相同的肥沃的文化土壤上往往使文化名人成群出现成为可能。只要看看中国文化史就可以看到，无论是楚辞、汉赋、唐诗、宋词以及文章巨擘，都是成群出现的。当代要改变文化领域只有平原而无高峰的情况，必须全面、客观、科学地继承优秀文化传统，厚植社会主义文化土壤，使各种优秀人才成群脱颖而出，蔚为大观，促进社会主义文化建设。

文化研究不能只是停留在书本上，中华优秀传统文化的创造性转化和创新性发展应该超越解释学范畴，真正把中华优秀传统文化的精华转化到中国特色社会主义制度文明建设中。坚持以人民为中心的发展观，借鉴了传统的民本思想，但它已不只是一个理念，而具有政治制度和法律制度的保障。强调人与自然和谐发展，借鉴了天人合一的思想，但它已转化为当代生态文明建设，具有环保制度和相关法规的保障。文化与文明的转化也体现了人们的历史观，体现了人们的实践选择。如果没有对马克思主义的选择和传播，没有中国共产党人的不懈奋斗，在中国传统文化基础上未必会结出中国特色社会主义这样的果实。

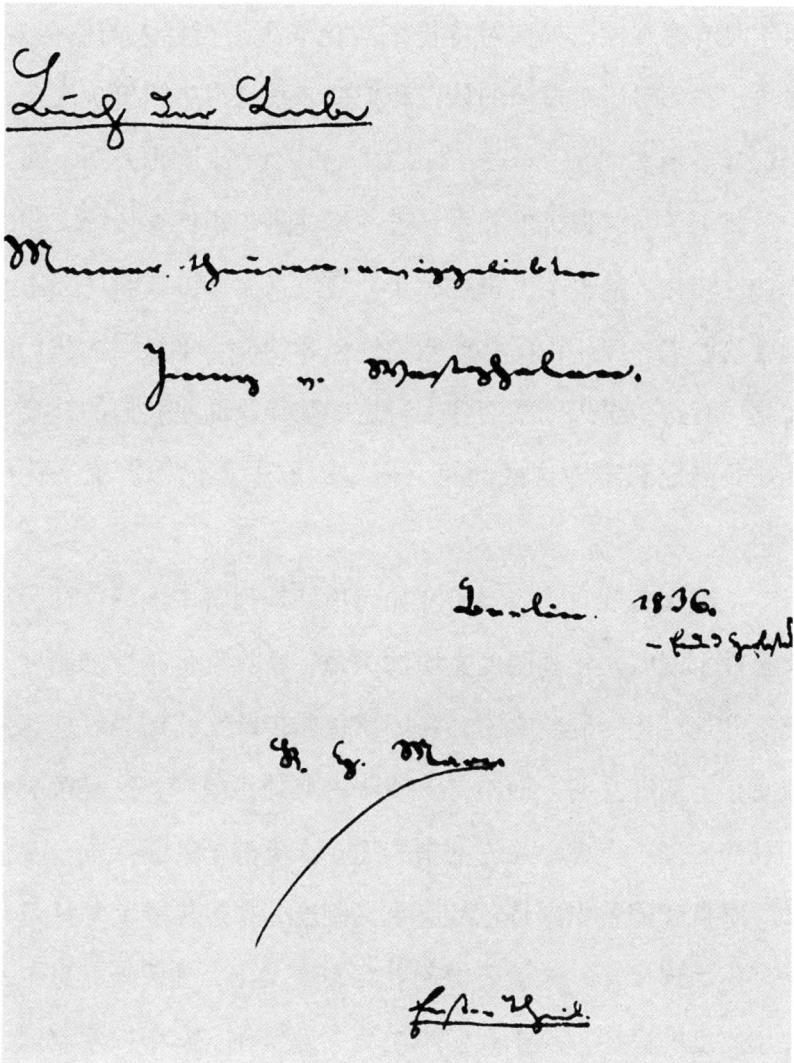

马克思写给燕妮的诗

我们的方法是以问题为导向，立足现实，问题和解决问题的方案都存在于现实之中。历史事实是客观的，传统文化作为事实具有客观性，如何对待传统文化取决于当代人的价值观，取决于我们对历史规律的认识和把握。我觉得中国传统文化和当代社会现实的关系不是"因为"和"所以"的关系，而是一脉相承、与时俱进的关系，进一步促进中华优秀传统文化的创造性转化，从根本上说是源于社会主义生产方式和社会主义制度的要求，源于中国共产党的性质和使命。不是因为我们的文化中有这些思想，我们才实行这些政策，而是我们的社会现实需要制定和实施这些政策，需要汲取中华优秀传统文化的精华。

从现实角度看，应当研究如何更好地理解中国特色社会主义条件下制度文化和制度文明的关系，将具有优越性的制度文化更好地转化为制度文明，将中华优秀传统文化的美好理念变成真正的制度文明，而不是沉湎于古典的想象中，这是解决我们社会心理中焦虑、迷失的根本途径。党的十九届四中全会强调，坚持和完善中国特色社会主义制度，推进国家治理体系和治理能力现代化。这就要深刻理解制度文化，理解马克思主义关于制度的思想。对于我们来说，关键是在实践中探索制度文化的具体内容。在我们国家，人与人之间主要体现的是社会主义交往关系，但运用的是现代化的市场手段，对此要有正确的价值视角。我觉得资本主义市场经济是绞肉机，它遵循的是弱肉强食的社会达尔文主义；社会主义市场经济应该是跑马拉松，应该是一种竞赛，谁跑到最后谁胜利。

我们党在实践探索中努力将美好的制度文化转化为实际的制度文明，这是解决我们当前社会实际问题的重要途径，这就要提高社会治理能力，形成科学有效的社会治理体系。建构中国特色社会主义制度文明必须以人民为中心，习近平总书记说"不忘初心、牢记使命"主题教育应当成为一种制度，我读后很受触动，这意味着"不忘初心"将得到制度性的保障。制度文明的建构要与解决我们当前的问题结合在一起，在解决问题的过程中，要坚持以马克思主义为指导，从古人的智慧中得到启迪，实现与中国传统文化的思想相通，而不是简单的翻版。要用现实的需要说明对传统文化的继承，而不是用文化传统来注解现实。

历史是处于一个时代的人们的实践活动，不是品读历史的人们的实践活动。如何看待历史，不同时代的人会有不同的结论。其实，不同时代的人对历史的评价不可能改变已经过去的历史事实，而只能改变历史观，这就又回到文化的时代化问题。中华民族的历史和文化传统对坚持和完善中国特色社会主义制度、推进国家治理体系和治理能力现代化，当然具有重要的借鉴作用，但坚持和完善中国特色社会主义制度、推进国家治理体系和治理能力现代化，最根本的还是基于新中国成立以来坚持以马克思主义为指导，坚持中国共产党集中统一领导，坚持在社会主义建设中确立的社会主义生产方式。

文化有一个重要作用，就是培育民族精神。民族精神是一个民族的文化的积淀，文化是一个民族成员自我认同的标志，这种认同就体现了文化的纽带作用。一个民族的文化在共同的语言中蕴含着共同的社会心理、共同的价值观和思维方式，包括情感因素、心理因素、认知因素等。民族的凝聚力，正是因为文化认同而产生了民族归属感，这是维系民族生存和发展的思想黏合剂。这次抗击新冠肺炎疫情也是如此，一场足球赛，开局不好，但接着踢得好就是好球队。我们主张全世界共同抗疫。中国为西方抗疫赢得了时间，也提供了宝贵经验，为建构人类卫生健康共同体贡献了力量。中华民族有丰富的文化遗产，有经久不衰的民族精神，在抗疫过程中得到生动体现。在中国特色社会主义新时代，我们要进一步弘扬民族精神和时代精神，进一步建构中国特色社会主义制度文明，为实现中华民族伟大复兴提供坚实的制度保障。[①]

---

① 本章内容原为作者与臧峰宇的学术对谈，收入本书时有修改。

责任编辑：洪　琼

图书在版编目（CIP）数据

归根到底是因为马克思主义行/陈先达 著. —北京：人民出版社,2021.9
ISBN 978－7－01－023626－1

Ⅰ.①归… Ⅱ.①陈… Ⅲ.①马克思主义-发展-研究-中国 Ⅳ.①D61

中国版本图书馆 CIP 数据核字(2021)第 154439 号

归根到底是因为马克思主义行
GUIGENDAODI SHI YINWEI MAKESIZHUYI XING

陈先达　著

人民出版社 出版发行
(100706　北京市东城区隆福寺街 99 号)

中煤(北京)印务有限公司印刷　新华书店经销

2021 年 9 月第 1 版　2021 年 9 月北京第 1 次印刷
开本:710 毫米×1000 毫米 1/16　印张:12.75
字数:200 千字

ISBN 978－7－01－023626－1　定价:49.00 元

邮购地址 100706　北京市东城区隆福寺街 99 号
人民东方图书销售中心　电话 (010)65250042　65289539